Ana Dili Türkçe Olanlar için Temel Hangıl Eğitimi

튀르키예어를 사용하는 국민을 위한

기초 한글배우기

① 기초편

Bölüm 1 Temel Bilgiler

권용선 저

튀르키예어로 한글배우기

Hangıl'ı Türkçe Öğrenme

■ 세종대왕(조선 제4대 왕)
Kral Sejong (Joseon'un 4. Kralı)

대한민국 대표한글
K-한글
www.k-hangul.kr

■ 세종대왕 탄신 627돌(2024.5.15) 숭모제전
- 분향(焚香) 및 헌작(獻爵), 독축(讀祝), 사배(四拜), 헌화(獻花), 망료례(望燎禮), 예필(禮畢), 인사말씀(국무총리)

■ 무용 : 봉래의(鳳來儀) | 국립국악원 무용단
- '용비어천가'의 가사를 무용수들이 직접 노래하고 춤을 춤으로써 비로소 시(詩), 가(歌), 무(舞)가 합일하는 악(樂)을 완성하는 장면

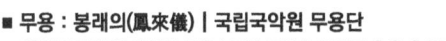

■ 영릉(세종·소헌왕후)
조선 제4대 세종대왕과 소헌왕후 심씨를 모신 합장릉이다.
세종대왕은 한글을 창제하고 혼천의를 비롯한 여러 과학기기를 발명하는 등 재위기간 중 뛰어난 업적을 이룩하였다.

■ 소재지(Location): 대한민국 경기도 여주시 세종대왕면 영릉로 269-10

■ 대표 업적
- 한글 창제: 1443년(세종 25년)~1446년 9월 반포
- 학문 창달
- 과학의 진흥
- 외치와 국방
- 음악의 정리
- 속육전 등의 법전 편찬 및 정리
- 각종 화학 무기 개발

※UNESCO Dünya Mirası※
■ Yeongneung (Kral Sejong ve Kraliçe Soheon)
Joseon'un 4. kralı Kral Sejong ve Kraliçe Soheon'un naaşlarının bulunduğu kabristan.
Kral Sejong Hangul'u oluşturarak ve silahlı küre gibi birçok bilimsel cihazı icat ederek olağanüstü başarılara imza attı.

■ Konum: 269-10, Yeongneung-ro, Sejongdaewang-myeon, Yeoju-si, Gyeonggi-do, Republic of Korea

■ Temel Başarıları
- Hangul'un Oluşturulması : 1443 yılı (Sejong 25 yıl)~ Eylül 1446'da ilan edildi.
- Akademik İlerleme
- Bilimin Gelişimi
- Yabancı Hükümet ve Millî Savunma
- Müziğin Düzenlenmesi
- Sokyukjeon Gibi Kanunların Derlenmesi ve Düzenlenmesi
- Çeşitli Kimyasal Silahların Geliştirilmesi

머리말 Önsöz

Let's learn Hangul!

Hangul'da 14 ünsüz, 10 ünlü harfin yanı sıra çift ünlü ve çift ünsüz harfler birleşerek sesleri oluşturur. Hangıl ile oluşturulabilecek yaklaşık 11170 hece bulunmaktadır ve bunlardan %30 kadarı esas olarak kullanılan hecelerdir.

Bu kitap günlük hayatta sıklıkla kullanılan Korece baz alınarak oluşturulmuş, aşağıdaki durumlar etrafında geliştirilmiştir.

- Hangul'un ünlü ve ünsüz harflerine dayalı temel öğrenme içeriklerinden oluşur.
- Hangul'un yazılış sıralaması gösterilerek Hangul'un doğru kullanımı açısından sağlam bir temel atılmıştır.
- Tekrarlı yazma alıştırmaları ile Hangul'un doğal bir şekilde öğrenilebilmesi için "yazma"ya bol bol sayfa ayrılmıştır.
- Websitemizde ders kitabıyla eş zamanlı olarak kullanılabilecek materyaller sunulmaktadır.
- İçerik Kore'nin gündelik yaşamında sıklıkla kullanılan heceler ve kelimeler etrafında oluşturulmuştur.
- Hangıl ile ilgili içeriklerden fazla kullanılmayanlara verilen yer azaltılmış ve kesinlikle gerekli olan içerikler derlenmiştir.

Bir dili öğrenmek o dilin kültürünü de öğrenmektir ve kişinin ufkunu genişletmesi için bir aracıdır.

Bu kitap Hangul alıştırması için temel olacak bir ders kitabıdır. Dolayısıyla içeriği iyice öğrenildiğinde Hangul'un yanı sıra Kore kültürü ve ruhuna dair de geniş bir anlayış kazanılacaktır. Teşekkürler.

k-hangul Publisher: Kwon, Yong-sun

한글은 자음 14자, 모음 10자 그 외에 겹자음과 겹모음의 조합으로 글자가 이루어지며 소리를 갖게 됩니다. 한글 조합자는 약 11,170자로 이루어져 있는데, 그중 30% 정도가 주로 사용되고 있습니다. 이 책은 실생활에서 자주 사용하는 우리말을 토대로 내용을 구성하였고, 다음 사항을 중심으로 개발되었습니다.

- 한글의 자음과 모음을 기초로 배우는 기본학습내용으로 이루어져 있습니다.
- 한글의 필순을 제시하여 올바른 한글 사용의 기초를 튼튼히 다지도록 했습니다.
- 반복적인 쓰기 학습을 통해 자연스레 한글을 습득할 수 있도록 '쓰기'에 많은 지면을 할애하였습니다.
- 홈페이지(www.k-hangul.kr)에 교재와 병행 학습할 수 있는 자료를 제공하고 있습니다.
- 한국의 일상생활에서 자주 사용되는 글자나 낱말을 중심으로 내용을 구성하였습니다.
- 사용빈도가 높지 않은 한글에 대한 내용은 줄이고 꼭 필요한 내용만 수록하였습니다.

언어를 배우는 것은 문화를 배우는 것이며, 사고의 폭을 넓히는 계기가 됩니다. 이 책은 한글 학습에 기본이 되는 교재이므로 내용을 꼼꼼하게 터득하면 한글은 물론 한국의 문화와 정신까지 폭넓게 이해하게 될 것입니다.

※참고 : 본 교재는 ❶기초편으로, ❷문장편 ❸대화편 ❹생활 편으로 구성되어 출간 판매 중에 있습니다.
　　Not: Bu kitap 1) Temel Bilgiler, 2) Cümle, 3) Konuşma, 4) Günlük Yaşam olmak üzere dört bölümden oluşmakta ve satışa sunulmaktadır.

※판매처 : 교보문고, 알라딘, yes24, 네이버, 쿠팡 등
　　Satıcı: Kyobo Book, Aladin, Yes24, Naver, Coupang vs.

저자 권용선

차례 İçindekiler

제1장

자음

Bölüm 1
Ünsüzler

01 자음 [Ünsüzler]

자음 읽기 [Ünsüzlerin Okunuşu]

ㄱ	ㄴ	ㄷ	ㄹ	ㅁ
기역(Giyeok)	니은(Nieun)	디귿(Digeut)	리을(Rieul)	미음(Mieum)
ㅂ	ㅅ	ㅇ	ㅈ	ㅊ
비읍(Bieup)	시옷(Siot)	이응(Ieung)	지읒(Jieut)	치읓(Chieut)
ㅋ	ㅌ	ㅍ	ㅎ	
키읔(Kieuk)	티읕(Tieut)	피읖(Pieup)	히읗(Hieut)	

자음 쓰기 [Ünsüzlerin Yazılışı]

ㄱ	ㄴ	ㄷ	ㄹ	ㅁ
기역(Giyeok)	니은(Nieun)	디귿(Digeut)	리을(Rieul)	미음(Mieum)
ㅂ	ㅅ	ㅇ	ㅈ	ㅊ
비읍(Bieup)	시옷(Siot)	이응(Ieung)	지읒(Jieut)	치읓(Chieut)
ㅋ	ㅌ	ㅍ	ㅎ	
키읔(Kieuk)	티읕(Tieut)	피읖(Pieup)	히읗(Hieut)	

 **O2** **자음** [Ünsüzler]

월　　일

자음 익히기 [Ünsüzleri Öğrenme]

다음 자음을 쓰는 순서에 맞게 따라 쓰세요.

(Aşağıdaki ünsüzleri yazılış sırasına özen göstererek yazınız.)

자음 Ünsüz	이름 İsmi	쓰는 순서 Yazılış Sırası	영어 표기 İngilizce Fonetiği	쓰기 Yazılışı					
ㄱ	기역	ㄱ	Giyeok	ㄱ					
ㄴ	니은	ㄴ	Nieun	ㄴ					
ㄷ	디귿	ㄷ	Digeut	ㄷ					
ㄹ	리을	ㄹ	Rieul	ㄹ					
ㅁ	미음	ㅁ	Mieum	ㅁ					
ㅂ	비읍	ㅂ	Bieup	ㅂ					
ㅅ	시옷	ㅅ	Siot	ㅅ					
ㅇ	이응	ㅇ	Ieung	ㅇ					
ㅈ	지읒	ㅈ	Jieut	ㅈ					
ㅊ	치읓	ㅊ	Chieut	ㅊ					
ㅋ	키읔	ㅋ	Kieuk	ㅋ					
ㅌ	티읕	ㅌ	Tieut	ㅌ					
ㅍ	피읖	ㅍ	Pieup	ㅍ					
ㅎ	히읗	ㅎ	Hieut	ㅎ					

03 한글 자음과 모음표 [Hangul Ünsüz ve Ünlü Harf Tablosu]

월   일

※ 참고 : 음절표(18p~37P)에서 학습할 내용

mp3 자음 모음	ㅏ (아)	ㅑ (야)	ㅓ (어)	ㅕ (여)	ㅗ (오)	ㅛ (요)	ㅜ (우)	ㅠ (유)	ㅡ (으)	ㅣ (이)
ㄱ (기역)	가	갸	거	겨	고	교	구	규	그	기
ㄴ (니은)	나	냐	너	녀	노	뇨	누	뉴	느	니
ㄷ (디귿)	다	댜	더	뎌	도	됴	두	듀	드	디
ㄹ (리을)	라	랴	러	려	로	료	루	류	르	리
ㅁ (미음)	마	먀	머	며	모	묘	무	뮤	므	미
ㅂ (비읍)	바	뱌	버	벼	보	뵤	부	뷰	브	비
ㅅ (시옷)	사	샤	서	셔	소	쇼	수	슈	스	시
ㅇ (이응)	아	야	어	여	오	요	우	유	으	이
ㅈ (지읒)	자	쟈	저	져	조	죠	주	쥬	즈	지
ㅊ (치읓)	차	챠	처	쳐	초	쵸	추	츄	츠	치
ㅋ (키읔)	카	캬	커	켜	코	쿄	쿠	큐	크	키
ㅌ (티읕)	타	탸	터	텨	토	툐	투	튜	트	티
ㅍ (피읖)	파	퍄	퍼	펴	포	표	푸	퓨	프	피
ㅎ (히읗)	하	햐	허	혀	호	효	후	휴	흐	히

제2장

모음

Bölüm 2
Ünlüler

01 모음 [Ünlüler]

월 일

모음 읽기 [Ünlülerin Okunuşu]

ㅏ	ㅑ	ㅓ	ㅕ	ㅗ
아(A)	야(Ya)	어(Eo)	여(Yeo)	오(O)
ㅛ	ㅜ	ㅠ	ㅡ	ㅣ
요(Yo)	우(U)	유(Yu)	으(Eu)	이(I)

모음 쓰기 [Ünlülerin Yazılışı]

ㅏ	ㅑ	ㅓ	ㅕ	ㅗ
아(A)	야(Ya)	어(Eo)	여(Yeo)	오(O)
ㅛ	ㅜ	ㅠ	ㅡ	ㅣ
요(Yo)	우(U)	유(Yu)	으(Eu)	이(I)

모음 [Ünlüler]

월 일

모음 익히기 [Ünlüleri Öğrenme]

다음 모음을 쓰는 순서에 맞게 따라 쓰세요.

(Aşağıdaki ünlüleri yazılış sırasına özen göstererek yazınız.)

모음 Ünlü	이름 İsmi	쓰는 순서 Yazılış Sırası	영어 표기 İngilizce Fonetiği	쓰기 Yazılışı					
ㅏ	아	ㅏ	A	ㅏ					
ㅑ	야	ㅑ	Ya	ㅑ					
ㅓ	어	ㅓ	Eo	ㅓ					
ㅕ	여	ㅕ	Yeo	ㅕ					
ㅗ	오	ㅗ	O	ㅗ					
ㅛ	요	ㅛ	Yo	ㅛ					
ㅜ	우	ㅜ	U	ㅜ					
ㅠ	유	ㅠ	Yu	ㅠ					
ㅡ	으	ㅡ	Eu	ㅡ					
ㅣ	이	ㅣ	I	ㅣ					

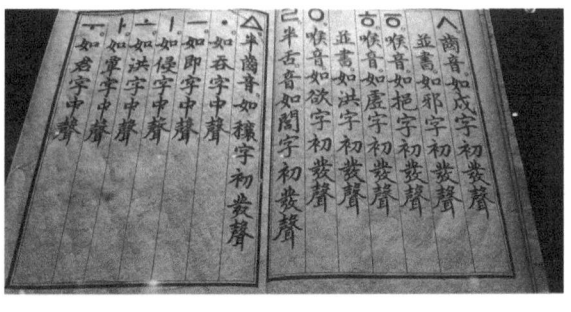 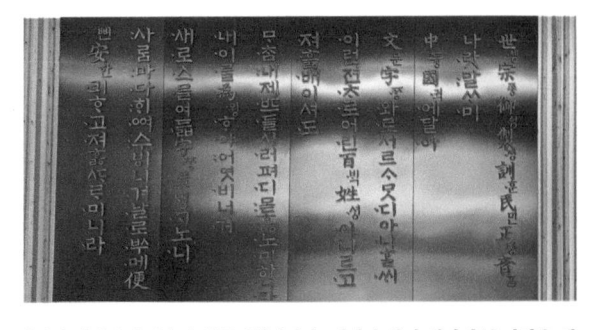

- 훈민정음(訓民正音) : 새로 창제된 훈민정음을 1446년(세종 28) 정인지 등 집현전 학사들이 저술한 한문해설서이다. 해례가 붙어 있어서〈훈민정음 해례본 訓民正音 解例本〉이라고도 하며 예의(例義), 해례(解例), 정인지 서문으로 구성되어 있다. 특히 서문에는 **훈민정음을 만든 이유,** 편찬자, 편년월일, 우수성을 기록하고 있다. 1997년 유네스코 세계기록유산으로 등록되었다.

■ 훈민정음(訓民正音)을 만든 이유

- 훈민정음은 백성을 가르치는 바른 소리 -

훈민정음 서문에 나오는 '나랏말씀이 중국과 달라 한자와 서로 통하지 않는다.' 는 말은 풍속과 기질이 달라 성음(聲音)이 서로 같지 않게 된다는 것이다.

"이런 이유로 어리석은 백성이 말하고 싶은 것이 있어도 마침내 제 뜻을 표현하지 못하는 사람이 많다. 이를 불쌍히 여겨 새로 28자를 만들었으니 사람마다 쉽게 익혀 씀에 편하게 할 뿐이다."

지혜로운 사람은 아침나절이 되기 전에 이해하고 어리석은 사람도 열흘이면 배울 수 있는 훈민정음은 바람소리, 학의 울음이나 닭 울음소리, 개 짖는 소리까지 모두 표현해 쓸 수 있어 지구상의 모든 문자 가운데 가장 창의적이고 과학적이라는 찬사를 받는 문자이다.

-세종 28년-

■ 세종대왕 약력

- 조선 제4대 왕
- 이름: 이도
- 출생지: 서울(한양)
- 생년월일: 1397년 5월 15일~1450년 2월 17일
- 재위 기간: 1418년 8월~1450년 2월(31년 6개월)

■ Hunminjeongeum'un Oluşturulma Nedeni

- Hunminjeongeum'a İhtiyaç Duyulmasının Nedeni -

Hunminjeongeum'un önsözünde yer alan "Ulusal dil Çin'den farklıdır ve birbiriyle uyumlu değildir." sözü, iki dilin gelenekleri ve mizaçları farklı olduğu için konuşma seslerinin (聲音) birbirinden farklılaşmasını kastetmektedir.

"Bu nedenle cahil halktan söylemek istedikleri bir şey olsa bile düşüncelerini ifade edemeyen pek çok kişi vardır. Onların haline üzüldüm ve herkesin kolayca okuyup yazabilmesi için 28 yeni harf oluşturdum."

Bilge bir insanın şafaktan önce anlayabileceği, cahil bir insanın bile 10 günde öğrenebileceği Hunminjeongeum, rüzgârın sesinden, turnaların ya da tavukların ötüşünden köpeklerin havlamasına kadar her şeyi ifade edebiliyor olmasıyla dünyanın en yaratıcı ve bilimsel alfabesi olduğu övgüsünü alıyor.

- Sejong 28 yılı -

■ Kral Sejong'un Biyografisi

- Joseon'un 4. kralı
- Adı: Yi Do
- Doğum yeri: Seul (Hanyang)
- Doğum tarihi: 15 Mayıs 1397 ~ 17 Şubat 1450
- Saltanat dönemi: Ağustos 1418 - Şubat 1450 (31 yıl 6 ay)

겹자음과 겹모음

Bölüm 3
Çift Ünsüz ve Çift Ünlüler

겹자음 [Çift Ünsüzler]

월   일

겹자음 읽기 [Çift Ünsüzlerin Okunuşu]

ㄲ	ㄸ	ㅃ	ㅆ	ㅉ
쌍기역 (Ssanggiyeok)	쌍디근 (Ssangdigeut)	쌍비읍 (Ssangbieup)	쌍시옷 (Ssangsiot)	쌍지읒 (Ssangjieut)

겹자음 쓰기 [Çift Ünsüzlerin Yazılışı]

ㄲ	ㄸ	ㅃ	ㅆ	ㅉ
쌍기역 (Ssanggiyeok)	쌍디근 (Ssangdigeut)	쌍비읍 (Ssangbieup)	쌍시옷 (Ssangsiot)	쌍지읒 (Ssangjieut)

겹자음 익히기 [Çift Ünsüzleri Öğrenme]

다음 겹자음을 쓰는 순서에 맞게 따라 쓰세요.
(Aşağıdaki Çift Ünsüzler yazılış sırasına özen göstererek yazınız.)

겹자음 Çift Ünsüz	이름 İsmi	쓰는 순서 Yazılış Sırası	영어 표기 İngilizce Fonetiği	쓰기 Yazılışı				
ㄲ	쌍기역	ㄲ	Ssanggiyeok	ㄲ				
ㄸ	쌍디근	ㄸ	Ssangdigeut	ㄸ				
ㅃ	쌍비읍	ㅃ	Ssangbieup	ㅃ				
ㅆ	쌍시옷	ㅆ	Ssangsiot	ㅆ				
ㅉ	쌍지읒	ㅉ	Ssangjieut	ㅉ				

겹모음 [Çift Ünlü]

O2

월   일

겹모음 읽기 [Çift Ünlülerin Okunuşu]

ㅐ	ㅔ	ㅒ	ㅖ	ㅘ
애(Ae)	에(E)	얘(Yae)	예(Ye)	와(Wa)
ㅙ	ㅚ	ㅝ	ㅞ	ㅟ
왜(Wae)	외(Oe)	워(Wo)	웨(We)	위(Wi)
ㅢ				
의(Ui)				

겹모음 쓰기 [Çift Ünlülerin Yazılışı]

애(Ae)	에(E)	얘(Yae)	예(Ye)	와(Wa)
왜(Wae)	외(Oe)	워(Wo)	웨(We)	위(Wi)
의(Ui)				

겹모음 [Çift Ünlü]

월   일

겹모음 익히기 [Çift Ünlüleri Öğrenme]

다음 겹모음을 쓰는 순서에 맞게 따라 쓰세요.

(Aşağıdaki çift ünlüleri yazılış sırasına özen göstererek yazınız.)

겹모음 Çift Ünlü	이름 İsmi	쓰는 순서 Yazılış Sırası	영어 표기 İngilizce Fonetiği	쓰기 Yazılışı					
ㅐ	애	ㅐ	Ae	ㅐ					
ㅔ	에	ㅔ	E	ㅔ					
ㅒ	얘	ㅒ	Yae	ㅒ					
ㅖ	예	ㅖ	Ye	ㅖ					
ㅘ	와	ㅘ	Wa	ㅘ					
ㅙ	왜	ㅙ	Wae	ㅙ					
ㅚ	외	ㅚ	Oe	ㅚ					
ㅝ	워	ㅝ	Wo	ㅝ					
ㅞ	웨	ㅞ	We	ㅞ					
ㅟ	위	ㅟ	Wi	ㅟ					
ㅢ	의	ㅢ	Ui	ㅢ					

음절표

Bölüm 4
Hece Tablosu

01 자음+모음 (ㅏ) [Ünsüz + Ünlü (ㅏ)]

월   일

자음+모음 (ㅏ) 읽기 [Ünsüz + Ünlü (ㅏ) Okunuşu]

가	나	다	라	마
Ga	Na	Da	Ra	Ma
바	사	아	자	차
Ba	Sa	A	Ja	Cha
카	타	파	하	
Ka	Ta	Pa	Ha	

자음+모음 (ㅏ) 쓰기 [Ünsüz + Ünlü (ㅏ) Yazılışı]

가	나	다	라	마
Ga	Na	Da	Ra	Ma
바	사	아	자	차
Ba	Sa	A	Ja	Cha
카	타	파	하	
Ka	Ta	Pa	Ha	

01 자음+모음(ㅏ) [Ünsüz + Ünlü (ㅏ)]

월 일

자음+모음(ㅏ) 익히기 [Ünsüz + Ünlü (ㅏ) Öğrenme]

다음 자음+모음(ㅏ)을 쓰는 순서에 맞게 따라 쓰세요.
(Aşağıdaki ünsüz + ünlü (ㅏ) 'den oluşan heceleri yazılış sırasına özen göstererek yazınız.)

자음+모음(ㅏ)	이름	쓰는 순서	영어 표기	쓰기					
ㄱ+ㅏ	가	가	Ga	가					
ㄴ+ㅏ	나	나	Na	나					
ㄷ+ㅏ	다	다	Da	다					
ㄹ+ㅏ	라	라	Ra	라					
ㅁ+ㅏ	마	마	Ma	마					
ㅂ+ㅏ	바	바	Ba	바					
ㅅ+ㅏ	사	사	Sa	사					
ㅇ+ㅏ	아	아	A	아					
ㅈ+ㅏ	자	자	Ja	자					
ㅊ+ㅏ	차	차	Cha	차					
ㅋ+ㅏ	카	카	Ka	카					
ㅌ+ㅏ	타	타	Ta	타					
ㅍ+ㅏ	파	파	Pa	파					
ㅎ+ㅏ	하	하	Ha	하					

자음+모음(ㅓ) [Ünsüz + Ünlü (ㅓ)]

월   일

자음+모음(ㅓ) 읽기 [Ünsüz + Ünlü (ㅓ) Okunuşu]

거	너	더	러	머
Geo	Neo	Deo	Reo	Meo
버	서	어	저	처
Beo	Seo	Eo	Jeo	Cheo
커	터	퍼	허	
Keo	Teo	Peo	Heo	

자음+모음(ㅓ) 쓰기 [Ünsüz + Ünlü (ㅓ) Yazılışı]

거	너	더	러	머
Geo	Neo	Deo	Reo	Meo
버	서	어	저	처
Beo	Seo	Eo	Jeo	Cheo
커	터	퍼	허	
Keo	Teo	Peo	Heo	

 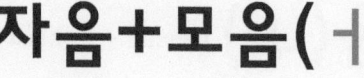

자음+모음(ㅓ) [Ünsüz + Ünlü (ㅓ)]

월   일

자음+모음(ㅓ) 익히기 [Ünsüz + Ünlü (ㅓ) Öğrenme]

다음 자음+모음(ㅓ)을 쓰는 순서에 맞게 따라 쓰세요.

(Aşağıdaki ünsüz + ünlü (ㅓ)'den oluşan heceleri yazılış sırasına özen göstererek yazınız.)

자음+모음(ㅓ)	이름	쓰는 순서	영어 표기	쓰기				
ㄱ+ㅓ	거	거	Geo	거				
ㄴ+ㅓ	너	너	Neo	너				
ㄷ+ㅓ	더	더	Deo	더				
ㄹ+ㅓ	러	러	Reo	러				
ㅁ+ㅓ	머	머	Meo	머				
ㅂ+ㅓ	버	버	Beo	버				
ㅅ+ㅓ	서	서	Seo	서				
ㅇ+ㅓ	어	어	Eo	어				
ㅈ+ㅓ	저	저	Jeo	저				
ㅊ+ㅓ	처	처	Cheo	처				
ㅋ+ㅓ	커	커	Keo	커				
ㅌ+ㅓ	터	터	Teo	터				
ㅍ+ㅓ	퍼	퍼	Peo	퍼				
ㅎ+ㅓ	허	허	Heo	허				

자음+모음(ㅗ) [Ünsüz + Ünlü (ㅗ)]

월 일

자음+모음(ㅗ) 읽기 [Ünsüz + Ünlü (ㅗ) Okunuşu]

고	노	도	로	모
Go	No	Do	Ro	Mo
보	소	오	조	초
Bo	So	O	Jo	Cho
코	토	포	호	
Ko	To	Po	Ho	

자음+모음(ㅗ) 쓰기 [Ünsüz + Ünlü (ㅗ) Yazılışı]

고	노	도	로	모
Go	No	Do	Ro	Mo
보	소	오	조	초
Bo	So	O	Jo	Cho
코	토	포	호	
Ko	To	Po	Ho	

자음+모음(ㅗ) [Ünsüz + Ünlü (ㅗ)]

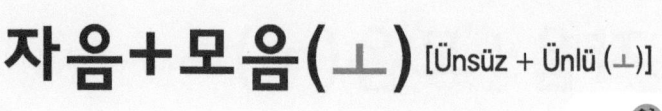

월 일

자음+모음(ㅗ) 익히기 [Ünsüz + Ünlü (ㅗ) Öğrenme]

다음 자음+모음(ㅗ)을 쓰는 순서에 맞게 따라 쓰세요.

(Aşağıdaki ünsüz + ünlü (ㅗ)'den oluşan heceleri yazılış sırasına özen göstererek yazınız.)

자음+모음(ㅗ)	이름	쓰는 순서	영어 표기	쓰기				
ㄱ+ㅗ	고		Go	고				
ㄴ+ㅗ	노		No	노				
ㄷ+ㅗ	도		Do	도				
ㄹ+ㅗ	로		Ro	로				
ㅁ+ㅗ	모		Mo	모				
ㅂ+ㅗ	보		Bo	보				
ㅅ+ㅗ	소		So	소				
ㅇ+ㅗ	오		O	오				
ㅈ+ㅗ	조		Jo	조				
ㅊ+ㅗ	초		Cho	초				
ㅋ+ㅗ	코		Ko	코				
ㅌ+ㅗ	토		To	토				
ㅍ+ㅗ	포		Po	포				
ㅎ+ㅗ	호		Ho	호				

자음+모음(ㅜ) 읽기 [Ünsüz + Ünlü (ㅜ) Okunuşu]

구	누	두	루	무
Gu	Nu	Du	Ru	Mu
부	수	우	주	추
Bu	Su	U	Ju	Chu
쿠	투	푸	후	
Ku	Tu	Pu	Hu	

자음+모음(ㅜ) 쓰기 [Ünsüz + Ünlü (ㅜ) Yazılışı]

구	누	두	루	무
Gu	Nu	Du	Ru	Mu
부	수	우	주	추
Bu	Su	U	Ju	Chu
쿠	투	푸	후	
Ku	Tu	Pu	Hu	

04 자음+모음(ㅜ) [Ünsüz + Ünlü (ㅜ)]

월   일

자음+모음(ㅜ) 익히기 [Ünsüz + Ünlü (ㅜ) Öğrenme]

다음 자음+모음(ㅜ)을 쓰는 순서에 맞게 따라 쓰세요.

(Aşağıdaki ünsüz + ünlü (ㅜ)'den oluşan heceleri yazılış sırasına özen göstererek yazınız.)

자음+모음(ㅜ)	이름	쓰는 순서	영어 표기	쓰기				
ㄱ+ㅜ	구	구	Gu	구				
ㄴ+ㅜ	누	누	Nu	누				
ㄷ+ㅜ	두	두	Du	두				
ㄹ+ㅜ	루	루	Ru	루				
ㅁ+ㅜ	무	무	Mu	무				
ㅂ+ㅜ	부	부	Bu	부				
ㅅ+ㅜ	수	수	Su	수				
ㅇ+ㅜ	우	우	U	우				
ㅈ+ㅜ	주	주	Ju	주				
ㅊ+ㅜ	추	추	Chu	추				
ㅋ+ㅜ	쿠	쿠	Ku	쿠				
ㅌ+ㅜ	투	투	Tu	투				
ㅍ+ㅜ	푸	푸	Pu	푸				
ㅎ+ㅜ	후	후	Hu	후				

자음+모음(ㅡ) [Ünsüz + Ünlü (ㅡ)]

월   일

자음+모음(ㅡ) 읽기 [Ünsüz + Ünlü (ㅡ) Okunuşu]

그	느	드	르	므
Geu	Neu	Deu	Reu	Meu
브	스	으	즈	츠
Beu	Seu	Eu	Jeu	Cheu
크	트	프	흐	
Keu	Teu	Peu	Heu	

자음+모음(ㅡ) 쓰기 [Ünsüz + Ünlü (ㅡ) Yazılışı]

그	느	드	르	므
Geu	Neu	Deu	Reu	Meu
브	스	으	즈	츠
Beu	Seu	Eu	Jeu	Cheu
크	트	프	흐	
Keu	Teu	Peu	Heu	

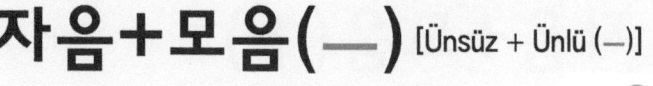

05 자음+모음(ㅡ) [Ünsüz + Ünlü (ㅡ)]

자음+모음(ㅡ) 익히기 [Ünsüz + Ünlü (ㅡ) Öğrenme]

다음 자음+모음(ㅡ)을 쓰는 순서에 맞게 따라 쓰세요.

(Aşağıdaki ünsüz + ünlü (ㅡ)'den oluşan heceleri yazılış sırasına özen göstererek yazınız.)

자음+모음(ㅡ)	이름	쓰는 순서	영어 표기	쓰기				
ㄱ+ㅡ	그	그	Geu	그				
ㄴ+ㅡ	느	느	Neu	느				
ㄷ+ㅡ	드	드	Deu	드				
ㄹ+ㅡ	르	르	Reu	르				
ㅁ+ㅡ	므	므	Meu	므				
ㅂ+ㅡ	브	브	Beu	브				
ㅅ+ㅡ	스	스	Seu	스				
ㅇ+ㅡ	으	으	Eu	으				
ㅈ+ㅡ	즈	즈	Jeu	즈				
ㅊ+ㅡ	츠	츠	Cheu	츠				
ㅋ+ㅡ	크	크	Keu	크				
ㅌ+ㅡ	트	트	Teu	트				
ㅍ+ㅡ	프	프	Peu	프				
ㅎ+ㅡ	흐	흐	Heu	흐				

자음+모음(ㅑ) [Ünsüz + Ünlü (ㅑ)]

06

월 일

자음+모음(ㅑ) 읽기 [Ünsüz + Ünlü (ㅑ) Okunuşu]

갸	냐	댜	랴	먀
Gya	Nya	Dya	Rya	Mya
뱌	샤	야	쟈	챠
Bya	Sya	Ya	Jya	Chya
캬	탸	퍄	햐	
Kya	Tya	Pya	Hya	

자음+모음(ㅑ) 쓰기 [Ünsüz + Ünlü (ㅑ) Yazılışı]

갸	냐	댜	랴	먀
Gya	Nya	Dya	Rya	Mya
뱌	샤	야	쟈	챠
Bya	Sya	Ya	Jya	Chya
캬	탸	퍄	햐	
Kya	Tya	Pya	Hya	

자음+모음(ㅑ) [Ünsüz + Ünlü (ㅑ)]

월   일

자음+모음(ㅑ) 익히기 [Ünsüz + Ünlü (ㅑ) Öğrenme]

다음 자음+모음(ㅑ)을 쓰는 순서에 맞게 따라 쓰세요.

(Aşağıdaki ünsüz + ünlü (ㅑ)'den oluşan heceleri yazılış sırasına özen göstererek yazınız.)

자음+모음(ㅑ)	이름	쓰는 순서	영어 표기	쓰기					
ㄱ+ㅑ	갸	갸	Gya	갸					
ㄴ+ㅑ	냐	냐	Nya	냐					
ㄷ+ㅑ	댜	댜	Dya	댜					
ㄹ+ㅑ	랴	랴	Rya	랴					
ㅁ+ㅑ	먀	먀	Mya	먀					
ㅂ+ㅑ	뱌	뱌	Bya	뱌					
ㅅ+ㅑ	샤	샤	Sya	샤					
ㅇ+ㅑ	야	야	Ya	야					
ㅈ+ㅑ	쟈	쟈	Jya	쟈					
ㅊ+ㅑ	챠	챠	Chya	챠					
ㅋ+ㅑ	캬	캬	Kya	캬					
ㅌ+ㅑ	탸	탸	Tya	탸					
ㅍ+ㅑ	퍄	퍄	Pya	퍄					
ㅎ+ㅑ	햐	햐	Hya	햐					

자음+모음(ㅕ) [Ünsüz + Ünlü (ㅕ)]

월   일

자음+모음(ㅕ) 읽기 [Ünsüz + Ünlü (ㅕ) Okunuşu]

겨	녀	뎌	려	며
Gyeo	Nyeo	Dyeo	Ryeo	Myeo
벼	셔	여	져	쳐
Byeo	Syeo	Yeo	Jyeo	Chyeo
켜	텨	펴	혀	
Kya	Tyeo	Pyeo	Hyeo	

자음+모음(ㅕ) 쓰기 [Ünsüz + Ünlü (ㅕ) Yazılışı]

겨	녀	뎌	려	며
Gyeo	Nyeo	Dyeo	Rya	Myeo
벼	셔	여	져	쳐
Byeo	Syeo	Yeo	Jyeo	Chyeo
켜	텨	펴	혀	
Kyeo	Tyeo	Pyeo	Hyeo	

자음+모음(ㅕ) [Ünsüz + Ünlü (ㅕ)]

월 일

자음+모음(ㅕ) 익히기 [Ünsüz + Ünlü (ㅕ) Öğrenme]

다음 자음+모음(ㅕ)을 쓰는 순서에 맞게 따라 쓰세요.

(Aşağıdaki ünsüz + ünlü (ㅕ)'den oluşan heceleri yazılış sırasına özen göstererek yazınız.)

자음+모음(ㅕ)	이름	쓰는 순서	영어 표기	쓰기				
ㄱ+ㅕ	겨		Gyeo	겨				
ㄴ+ㅕ	녀		Nyeo	녀				
ㄷ+ㅕ	뎌		Dyeo	뎌				
ㄹ+ㅕ	려		Ryeo	려				
ㅁ+ㅕ	며		Myeo	며				
ㅂ+ㅕ	벼		Byeo	벼				
ㅅ+ㅕ	셔		Syeo	셔				
ㅇ+ㅕ	여		Yeo	여				
ㅈ+ㅕ	져		Jyeo	져				
ㅊ+ㅕ	쳐		Chyeo	쳐				
ㅋ+ㅕ	켜		Kyeo	켜				
ㅌ+ㅕ	텨		Tyeo	텨				
ㅍ+ㅕ	펴		Pyeo	펴				
ㅎ+ㅕ	펴		Hyeo	혀				

자음+모음(ㅛ) [Ünsüz + Ünlü (ㅛ)]

월 일

자음+모음(ㅛ) 읽기 [Ünsüz + Ünlü (ㅛ) Okunuşu]

교	뇨	됴	료	묘
Gyo	Nyo	Dyo	Ryo	Myo
뵤	쇼	요	죠	쵸
Byo	Syo	Yo	Jyo	Chyo
쿄	툐	표	효	
Kyo	Tyo	Pyo	Hyo	

자음+모음(ㅛ) 쓰기 [Ünsüz + Ünlü (ㅛ) Yazılışı]

Gyo	Nyo	Dyo	Ryo	Myo
Byo	Syo	Yo	Jyo	Chyo
Kyo	Tyo	Pyo	Hyo	

 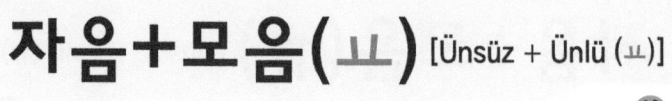

자음+모음(ㅛ) [Ünsüz + Ünlü (ㅛ)]

월   일

자음+모음(ㅛ) 익히기 [Ünsüz + Ünlü (ㅛ) Öğrenme]

다음 자음+모음(ㅛ)을 쓰는 순서에 맞게 따라 쓰세요.

(Aşağıdaki ünsüz + ünlü (ㅛ)'den oluşan heceleri yazılış sırasına özen göstererek yazınız.)

자음+모음(ㅛ)	이름	쓰는 순서	영어 표기	쓰기				
ㄱ+ㅛ	교	교	Gyo	교				
ㄴ+ㅛ	뇨	뇨	Nyo	뇨				
ㄷ+ㅛ	됴	됴	Dyo	됴				
ㄹ+ㅛ	료	료	Ryo	료				
ㅁ+ㅛ	묘	묘	Myo	묘				
ㅂ+ㅛ	뵤	뵤	Byo	뵤				
ㅅ+ㅛ	쇼	쇼	Syo	쇼				
ㅇ+ㅛ	요	요	Yo	요				
ㅈ+ㅛ	죠	죠	Jyo	죠				
ㅊ+ㅛ	쵸	쵸	Chyo	쵸				
ㅋ+ㅛ	쿄	쿄	Kyo	쿄				
ㅌ+ㅛ	툐	툐	Tyo	툐				
ㅍ+ㅛ	표	표	Pyo	표				
ㅎ+ㅛ	효	효	Hyo	효				

자음+모음(ㅠ) [Ünsüz + Ünlü (ㅠ)]

월 일

자음+모음(ㅠ) 읽기 [Ünsüz + Ünlü (ㅠ) Okunuşu]

규	뉴	듀	류	뮤
Gyu	Nyu	Dyu	Ryu	Myu
뷰	슈	유	쥬	츄
Byu	Syu	Yu	Jyu	Chyu
큐	튜	퓨	휴	
Kyu	Tyu	Pyu	Hyu	

자음+모음(ㅠ) 쓰기 [Ünsüz + Ünlü (ㅠ) Yazılışı]

Gyu	Nyu	Dyu	Ryu	Myu
Gyu	Nyu	Dyu	Ryu	Myu
Byu	Syu	Yu	Jyu	Chyu
Byu	Syu	Yu	Jyu	Chyu
Kyu	Tyu	Pyu	Hyu	
Kyu	Tyu	Pyu	Hyu	

자음+모음 (ㅠ) [Ünsüz + Ünlü (ㅠ)]

월 일

자음+모음 (ㅠ) 익히기 [Ünsüz + Ünlü (ㅠ) Öğrenme]

다음 자음+모음(ㅠ)을 쓰는 순서에 맞게 따라 쓰세요.
(Aşağıdaki ünsüz + ünlü (ㅠ)'den oluşan heceleri yazılış sırasına özen göstererek yazınız.)

자음+모음(ㅠ)	이름	쓰는 순서	영어 표기	쓰기					
ㄱ+ㅠ	규	규	Gyu	규					
ㄴ+ㅠ	뉴	뉴	Nyu	뉴					
ㄷ+ㅠ	듀	듀	Dyu	듀					
ㄹ+ㅠ	류	류	Ryu	류					
ㅁ+ㅠ	뮤	뮤	Myu	뮤					
ㅂ+ㅠ	뷰	뷰	Byu	뷰					
ㅅ+ㅠ	슈	슈	Syu	슈					
ㅇ+ㅠ	유	유	Yu	유					
ㅈ+ㅠ	쥬	쥬	Jyu	쥬					
ㅊ+ㅠ	츄	츄	Chyu	츄					
ㅋ+ㅠ	큐	큐	Kyu	큐					
ㅌ+ㅠ	튜	튜	Tyu	튜					
ㅍ+ㅠ	퓨	퓨	Pyu	퓨					
ㅎ+ㅠ	휴	휴	Hyu	휴					

자음+모음(ㅣ) [Ünsüz + Ünlü (ㅣ)]

월   일

자음+모음(ㅣ) 읽기 [Ünsüz + Ünlü (ㅣ) Okunuşu]

기	니	디	리	미
Gi	Ni	Di	Ri	Mi
비	시	이	지	치
Bi	Si	I	Ji	Chi
키	티	피	히	
Ki	Ti	Pi	Hi	

자음+모음(ㅣ) 쓰기 [Ünsüz + Ünlü (ㅣ) Yazılışı]

기	니	디	리	미
Gi	Ni	Di	Ri	Mi
비	시	이	지	치
Bi	Si	I	Ji	Chi
키	티	피	히	
Ki	Ti	Pi	Hi	

⑩ 자음+모음(ㅣ) [Ünsüz + Ünlü (ㅣ)]

월   일

자음+모음(ㅣ) 익히기 [Ünsüz + Ünlü (ㅣ) Öğrenme]

다음 자음+모음(ㅣ)을 쓰는 순서에 맞게 따라 쓰세요.

(Aşağıdaki ünsüz + ünlü (ㅣ)'den oluşan heceleri yazılış sırasına özen göstererek yazınız.)

자음+모음(ㅣ)	이름	쓰는 순서	영어 표기	쓰기				
ㄱ+ㅣ	기	기	Gi	기				
ㄴ+ㅣ	니	니	Ni	니				
ㄷ+ㅣ	디	디	Di	디				
ㄹ+ㅣ	리	리	Ri	리				
ㅁ+ㅣ	미	미	Mi	미				
ㅂ+ㅣ	비	비	Bi	비				
ㅅ+ㅣ	시	시	Si	시				
ㅇ+ㅣ	이	이	I	이				
ㅈ+ㅣ	지	지	Ji	지				
ㅊ+ㅣ	치	치	Chi	치				
ㅋ+ㅣ	키	키	Ki	키				
ㅌ+ㅣ	티	티	Ti	티				
ㅍ+ㅣ	피	피	Pi	피				
ㅎ+ㅣ	히	히	Hi	히				

한글 자음과 모음 받침표 [Hangul Ünsüz ve Ünlü Hece Sonu Harf Tablosu]

월 일

※ 참고 : 받침 'ㄱ~ㅎ'(49p~62P)에서 학습할 내용

mp3	받침	가	나	다	라	마	바	사	아	자	차	카	타	파	하
	ㄱ	각	낙	닥	락	막	박	삭	악	작	착	칵	탁	팍	학
	ㄴ	간	난	단	란	만	반	산	안	잔	찬	칸	탄	판	한
	ㄷ	갇	낟	닫	랃	맏	받	삳	앋	잗	찯	칻	탇	팓	핟
	ㄹ	갈	날	달	랄	말	발	살	알	잘	찰	칼	탈	팔	할
	ㅁ	감	남	담	람	맘	밤	삼	암	잠	참	캄	탐	팜	함
	ㅂ	갑	납	답	랍	맙	밥	삽	압	잡	찹	캅	탑	팝	합
	ㅅ	갓	낫	닷	랏	맛	밧	삿	앗	잣	찻	캇	탓	팟	핫
	ㅇ	강	낭	당	랑	망	방	상	앙	장	창	캉	탕	팡	항
	ㅈ	갖	낮	닺	랒	맞	밪	샂	앚	잦	찾	캊	탖	팢	핮
	ㅊ	갗	낯	닻	랓	맟	밫	샃	앛	잧	찿	캋	탗	팣	핯
	ㅋ	갘	낰	닼	랔	맠	밬	샄	앜	잨	챀	캌	탘	팤	핰
	ㅌ	같	낱	닽	랕	맡	밭	샅	앝	잩	챁	캍	탙	팥	핱
	ㅍ	갚	낲	닾	랖	맢	밮	샆	앞	잪	챂	캎	탚	팦	핲
	ㅎ	갛	낳	닿	랗	맣	밯	샇	앟	잫	챃	캏	탛	팧	핳

제5장

자음과
겹모음

Bölüm 5
Ünsüzler ve Çift Ünlüler

국어국립원의 '우리말샘'에 등록되지 않은 글자. 또는 쓰임이 적은
글자를 아래와 같이 수록하니, 학습에 참고하시길 바랍니다.

페이지	'우리말샘'에 등록되지 않은 글자. 또는 쓰임이 적은 글자
42p	뎨(Dye) 볘(Bye) 졔(Jye) 쳬(Chye) 톄(Tye)
43p	돠(Dwa) 롸(Rwa) 뫄(Mwa) 톼(Twa) 퐈(Pwa)
44p	놰(Nwae) 뢔(Rwae) 뫠(Mwae) 쵀(Chwae) 퐤(Pwae)
46p	풔(Pwo)
48p	듸(Dui) 릐(Rui) 믜(Mui) 븨(Bui) 싀(Sui) 즤(Jui) 츼(Chui) 킈(Kui)
51p	랃(Rat) 앋(At) 챧(Chat) 칻(Kat) 탇(Tat) 팓(Pat)
57p	샂(Sat) 캇(Kat) 탖(Tat) 팣(Pat) 핫(Hat)
58p	랓(Rat) 맞(Mat) 밫(Bat) 샃(Sat) 앛(At) 잦(Jat) 챶(Chat) 캋(Chat) 탗(Tat) 팣(Pat) 핯(Hat)
59p	각(Gak) 낙(Nak) 닥(Dak) 락(Rak) 막(Mak) 박(Bak) 삭(Sak) 작(Jak) 착(Chak) 칵(Kak) 팍(Pak) 학(Hak)
60p	닫(Dat) 랃(Rat) 잩(Jat) 챁(Chat) 칻(Kat) 탇(Tat) 핟(Hat)
61p	닪(Dap) 맙(Map) 밦(Bap) 챂(Chap) 캎(Kap) 탚(Tap) 팦(Pap) 핪(Hap)
62p	밫(Bat) 샃(Sat) 앛(At) 잦(Jat) 챶(Chat) 캋(Kat) 탗(Tat) 팣(Pat) 핯(Hat)

자음+겹모음(ㅐ)
[Ünsüz + Çift Ünlü (ㅐ)]

월   일

자음+겹모음(ㅐ) [Ünsüz + Çift Ünlü (ㅐ)]

다음 자음+겹모음(ㅐ)을 쓰는 순서에 맞게 따라 쓰세요.

(Aşağıdaki Ünsüz + Çift Ünlü (ㅐ)'den oluşan heceleri yazılış sırasına özen göstererek yazınız.)

자음+겹모음(ㅐ)	영어 표기	쓰기
ㄱ+ㅐ	Gae	개
ㄴ+ㅐ	Nae	내
ㄷ+ㅐ	Dae	대
ㄹ+ㅐ	Rae	래
ㅁ+ㅐ	Mae	매
ㅂ+ㅐ	Bae	배
ㅅ+ㅐ	Sae	새
ㅇ+ㅐ	Ae	애
ㅈ+ㅐ	Jae	재
ㅊ+ㅐ	Chae	채
ㅋ+ㅐ	Kae	캐
ㅌ+ㅐ	Tae	태
ㅍ+ㅐ	Pae	패
ㅎ+ㅐ	Hae	해

02 자음+겹모음(ㅔ)
[Ünsüz + Çift Ünlü (ㅔ)]

월   일

자음+겹모음(ㅔ) [Ünsüz + Çift Ünlü (ㅔ)]

다음 자음+겹모음(ㅔ)을 쓰는 순서에 맞게 따라 쓰세요.

(Aşağıdaki Ünsüz + Çift Ünlü (ㅔ)'den oluşan heceleri yazılış sırasına özen göstererek yazınız.)

자음+겹모음(ㅔ)	영어 표기	쓰기					
ㄱ+ㅔ	Ge	게					
ㄴ+ㅔ	Ne	네					
ㄷ+ㅔ	De	데					
ㄹ+ㅔ	Re	레					
ㅁ+ㅔ	Me	메					
ㅂ+ㅔ	Be	베					
ㅅ+ㅔ	Se	세					
ㅇ+ㅔ	E	에					
ㅈ+ㅔ	Je	제					
ㅊ+ㅔ	Che	체					
ㅋ+ㅔ	Ke	케					
ㅌ+ㅔ	Te	테					
ㅍ+ㅔ	Pe	페					
ㅎ+ㅔ	He	헤					

03 자음+겹모음(ㅖ)
[Ünsüz + Çift Ünlü (ㅖ)]

자음+겹모음(ㅖ) [Ünsüz + Çift Ünlü (ㅖ)]

다음 자음+겹모음(ㅖ)을 쓰는 순서에 맞게 따라 쓰세요.

(Aşağıdaki Ünsüz + Çift Ünlü (ㅖ)'den oluşan heceleri yazılış sırasına özen göstererek yazınız.)

자음+겹모음(ㅖ)	영어 표기	쓰기					
ㄱ+ㅖ	Gye	계					
ㄴ+ㅖ	Nye	녜					
ㄷ+ㅖ	Dye	뎨					
ㄹ+ㅖ	Rye	례					
ㅁ+ㅖ	Mye	몌					
ㅂ+ㅖ	Bye	볘					
ㅅ+ㅖ	Sye	셰					
ㅇ+ㅖ	Ye	예					
ㅈ+ㅖ	Jye	졔					
ㅊ+ㅖ	Chye	쳬					
ㅋ+ㅖ	Kye	켸					
ㅌ+ㅖ	Tye	톄					
ㅍ+ㅖ	Pye	폐					
ㅎ+ㅖ	Hye	혜					

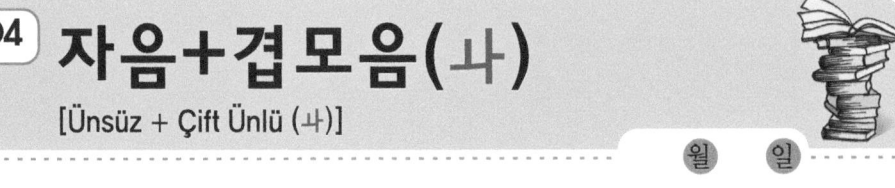

O4 자음+겹모음(ㅘ)
[Ünsüz + Çift Ünlü (ㅘ)]

자음+겹모음(ㅘ) [Ünsüz + Çift Ünlü (ㅘ)]

다음 자음+겹모음(ㅘ)을 쓰는 순서에 맞게 따라 쓰세요.

(Aşağıdaki Ünsüz + Çift Ünlü (ㅘ)'den oluşan heceleri yazılış sırasına özen göstererek yazınız.)

자음+겹모음(ㅘ)	영어 표기	쓰기					
ㄱ+ㅘ	Gwa	과					
ㄴ+ㅘ	Nwa	놔					
ㄷ+ㅘ	Dwa	돠					
ㄹ+ㅘ	Rwa	롸					
ㅁ+ㅘ	Mwa	뫄					
ㅂ+ㅘ	Bwa	봐					
ㅅ+ㅘ	Swa	솨					
ㅇ+ㅘ	Wa	와					
ㅈ+ㅘ	Jwa	좌					
ㅊ+ㅘ	Chwa	촤					
ㅋ+ㅘ	Kwa	콰					
ㅌ+ㅘ	Twa	톼					
ㅍ+ㅘ	Pwa	퐈					
ㅎ+ㅘ	Hwa	화					

05 자음+겹모음(ㅙ)
[Ünsüz + Çift Ünlü (ㅙ)]

월   일

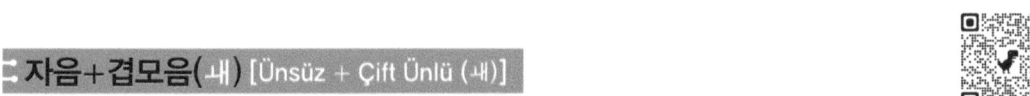

자음+겹모음(ㅙ) [Ünsüz + Çift Ünlü (ㅙ)]

다음 자음+겹모음(ㅙ)을 쓰는 순서에 맞게 따라 쓰세요.
(Aşağıdaki Ünsüz + Çift Ünlü (ㅙ)'den oluşan heceleri yazılış sırasına özen göstererek yazınız.)

자음+겹모음(ㅙ)	영어 표기	쓰기					
ㄱ+ㅙ	Gwae	괘					
ㄴ+ㅙ	Nwae	놰					
ㄷ+ㅙ	Dwae	돼					
ㄹ+ㅙ	Rwae	뢔					
ㅁ+ㅙ	Mwae	뫠					
ㅂ+ㅙ	Bwae	봬					
ㅅ+ㅙ	Swae	쇄					
ㅇ+ㅙ	Wae	왜					
ㅈ+ㅙ	Jwae	좨					
ㅊ+ㅙ	Chwae	쵀					
ㅋ+ㅙ	Kwae	쾌					
ㅌ+ㅙ	Twae	퇘					
ㅍ+ㅙ	Pwae	퐤					
ㅎ+ㅙ	Hwae	홰					

06 자음+겹모음(ㅚ)
[Ünsüz + Çift Ünlü (ㅚ)]

월   일

자음+겹모음(ㅚ) [Ünsüz + Çift Ünlü (ㅚ)]

다음 자음+겹모음(ㅚ)을 쓰는 순서에 맞게 따라 쓰세요.
(Aşağıdaki Ünsüz + Çift Ünlü (ㅚ)'den oluşan heceleri yazılış sırasına özen göstererek yazınız.)

자음+겹모음(ㅚ)	영어 표기	쓰기					
ㄱ+ㅚ	Goe	괴					
ㄴ+ㅚ	Noe	뇌					
ㄷ+ㅚ	Doe	되					
ㄹ+ㅚ	Roe	뢰					
ㅁ+ㅚ	Moe	뫼					
ㅂ+ㅚ	Boe	뵈					
ㅅ+ㅚ	Soe	쇠					
ㅇ+ㅚ	Oe	외					
ㅈ+ㅚ	Joe	죄					
ㅊ+ㅚ	Choe	최					
ㅋ+ㅚ	Koe	쾨					
ㅌ+ㅚ	Toe	퇴					
ㅍ+ㅚ	Poe	푀					
ㅎ+ㅚ	Hoe	회					

07 자음+겹모음(ㅝ)
[Ünsüz + Çift Ünlü (ㅝ)]

자음+겹모음(ㅝ) [Ünsüz + Çift Ünlü (ㅝ)]

다음 자음+겹모음(ㅝ)을 쓰는 순서에 맞게 따라 쓰세요.
(Aşağıdaki Ünsüz + Çift Ünlü (ㅝ)'den oluşan heceleri yazılış sırasına özen göstererek yazınız.)

자음+겹모음(ㅝ)	영어 표기	쓰기						
ㄱ+ㅝ	Gwo	궈						
ㄴ+ㅝ	Nwo	눠						
ㄷ+ㅝ	Dwo	둬						
ㄹ+ㅝ	Rwo	뤄						
ㅁ+ㅝ	Mwo	뭐						
ㅂ+ㅝ	Bwo	붜						
ㅅ+ㅝ	Swo	숴						
ㅇ+ㅝ	Wo	워						
ㅈ+ㅝ	Jwo	줘						
ㅊ+ㅝ	Chwo	춰						
ㅋ+ㅝ	Kwo	쿼						
ㅌ+ㅝ	Two	퉈						
ㅍ+ㅝ	Pwo	풔						
ㅎ+ㅝ	Hwo	훠						

08 자음+겹모음(ㅟ)
[Ünsüz + Çift Ünlü (ㅟ)]

월   일

자음+겹모음(ㅟ) [Ünsüz + Çift Ünlü (ㅟ)]

다음 자음+겹모음(ㅟ)을 쓰는 순서에 맞게 따라 쓰세요.
(Aşağıdaki Ünsüz + Çift Ünlü (ㅟ)'den oluşan heceleri yazılış sırasına özen göstererek yazınız.)

자음+겹모음(ㅟ)	영어 표기	쓰기				
ㄱ+ㅟ	Gwi	귀				
ㄴ+ㅟ	Nwi	뉘				
ㄷ+ㅟ	Dwi	뒤				
ㄹ+ㅟ	Rwi	뤼				
ㅁ+ㅟ	Mwi	뮈				
ㅂ+ㅟ	Bwi	뷔				
ㅅ+ㅟ	Swi	쉬				
ㅇ+ㅟ	Wi	위				
ㅈ+ㅟ	Jwi	쥐				
ㅊ+ㅟ	Chwi	취				
ㅋ+ㅟ	Kwi	퀴				
ㅌ+ㅟ	Twi	튀				
ㅍ+ㅟ	Pwi	퓌				
ㅎ+ㅟ	Hwi	휘				

자음+겹모음(ㅟ)
[Ünsüz + Çift Ünlü (ㅟ)]

월   일

자음+겹모음(ㅟ) [Ünsüz + Çift Ünlü (ㅟ)]

다음 자음+겹모음(ㅟ)을 쓰는 순서에 맞게 따라 쓰세요.
(Aşağıdaki Ünsüz + Çift Ünlü (ㅟ)'den oluşan heceleri yazılış sırasına özen göstererek yazınız.)

자음+겹모음(ㅟ)	영어 표기	쓰기						
ㄱ+ㅟ	Gwi	귀						
ㄴ+ㅟ	Nwi	뉘						
ㄷ+ㅟ	Dwi	뒤						
ㄹ+ㅟ	Rwi	뤼						
ㅁ+ㅟ	Mwi	뮈						
ㅂ+ㅟ	Bwi	뷔						
ㅅ+ㅟ	Swi	쉬						
ㅇ+ㅟ	Wi	위						
ㅈ+ㅟ	Jwi	쥐						
ㅊ+ㅟ	Chwi	취						
ㅋ+ㅟ	Kwi	퀴						
ㅌ+ㅟ	Twi	튀						
ㅍ+ㅟ	Pwi	퓌						
ㅎ+ㅟ	Hwi	휘						

10 받침 ㄱ(기역)이 있는 글자
[Hece Sonunda 'ㄱ'(Kiyok) Olan Kelimeler]

월   일

받침 ㄱ(기역) [Hece Sonu 'ㄱ'(Kiyok)]

다음 받침 ㄱ(기역)이 들어간 글자를 쓰는 순서에 맞게 따라 쓰세요.

(Aşağıda sonunda 'ㄱ'(Kiyok) bulunan heceleri yazılış sırasına özen göstererek yazınız.)

받침 ㄱ(기역)	영어 표기	쓰기						
가+ㄱ	Gak	각						
나+ㄱ	Nak	낙						
다+ㄱ	Dak	닥						
라+ㄱ	Rak	락						
마+ㄱ	Mak	막						
바+ㄱ	Bak	박						
사+ㄱ	Sak	삭						
아+ㄱ	Ak	악						
자+ㄱ	Jak	작						
차+ㄱ	Chak	착						
카+ㄱ	Kak	칵						
타+ㄱ	Tak	탁						
파+ㄱ	Pak	팍						
하+ㄱ	Hak	학						

받침 ㄴ(니은)이 있는 글자
[Hece Sonunda 'ㄴ'(Nıın) Olan Kelimeler]

월   일

받침 ㄴ(니은) [Hece Sonu 'ㄴ'(Nıın)]

다음 받침 ㄴ(니은)이 들어간 글자를 쓰는 순서에 맞게 따라 쓰세요.
(Aşağıda sonunda 'ㄴ'(Nıın) bulunan heceleri yazılış sırasına özen göstererek yazınız.)

받침 ㄴ(니은)	영어 표기	쓰기						
가+ㄴ	Gan	간						
나+ㄴ	Nan	난						
다+ㄴ	Dan	단						
라+ㄴ	Ran	란						
마+ㄴ	Man	만						
바+ㄴ	Ban	반						
사+ㄴ	San	산						
아+ㄴ	An	안						
자+ㄴ	Jan	잔						
차+ㄴ	Chan	찬						
카+ㄴ	Kan	칸						
타+ㄴ	Tan	탄						
파+ㄴ	Pan	판						
하+ㄴ	Han	한						

12 받침 ㄷ(디귿)이 있는 글자
[Hece Sonunda 'ㄷ'(Digıt) Olan Kelimeler]

월   일

ㄷ 받침 ㄷ(디귿) [Hece Sonu 'ㄷ'(Digıt)]

다음 받침 ㄷ(디귿)이 들어간 글자를 쓰는 순서에 맞게 따라 쓰세요.
(Aşağıda sonunda 'ㄷ'(Digıt) bulunan heceleri yazılış sırasına özen göstererek yazınız.)

받침 ㄷ(디귿)	영어 표기	쓰기				
가+ㄷ	Gat	갇				
나+ㄷ	Nat	낟				
다+ㄷ	Dat	닫				
라+ㄷ	Rat	랃				
마+ㄷ	Mat	맏				
바+ㄷ	Bat	받				
사+ㄷ	Sat	삳				
아+ㄷ	At	앋				
자+ㄷ	Jat	잗				
차+ㄷ	Chat	찯				
카+ㄷ	Kat	칻				
타+ㄷ	Tat	탇				
파+ㄷ	Pat	팓				
하+ㄷ	Hat	핟				

13 **받침 ㄹ(리을)이 있는 글자**
[Hece Sonunda 'ㄹ'(Lııl) Olan Kelimeler]

월 일

받침 ㄹ(리을) [Hece Sonu 'ㄹ'(Lııl)]

다음 받침 ㄹ(리을)이 들어간 글자를 쓰는 순서에 맞게 따라 쓰세요.
(Aşağıda sonunda 'ㄹ'(Lııl) bulunan heceleri yazılış sırasına özen göstererek yazınız.)

받침 ㄹ(리을)	영어 표기	쓰기					
가+ㄹ	Gal	갈					
나+ㄹ	Nal	날					
다+ㄹ	Dal	달					
라+ㄹ	Ral	랄					
마+ㄹ	Mal	말					
바+ㄹ	Bal	발					
사+ㄹ	Sal	살					
아+ㄹ	Al	알					
자+ㄹ	Jal	잘					
차+ㄹ	Chal	찰					
카+ㄹ	Kal	칼					
타+ㄹ	Tal	탈					
파+ㄹ	Pal	팔					
하+ㄹ	Hal	할					

14 받침 ㅁ(미음)이 있는 글자
[Hece Sonunda 'ㅁ'(Mıım) Olan Kelimeler]

월   일

받침 ㅁ(미음) [Hece Sonu 'ㅁ'(Mıım)]

다음 받침 ㅁ(미음)이 들어간 글자를 쓰는 순서에 맞게 따라 쓰세요.
(Aşağıda sonunda 'ㅁ'(Mıım) bulunan heceleri yazılış sırasına özen göstererek yazınız.)

받침 ㅁ(미음)	영어 표기	쓰기			
가+ㅁ	Gam	감			
나+ㅁ	Nam	남			
다+ㅁ	Dam	담			
라+ㅁ	Ram	람			
마+ㅁ	Mam	맘			
바+ㅁ	Bam	밤			
사+ㅁ	Sam	삼			
아+ㅁ	Am	암			
자+ㅁ	Jam	잠			
차+ㅁ	Cham	참			
카+ㅁ	Kam	캄			
타+ㅁ	Tam	탐			
파+ㅁ	Pam	팜			
하+ㅁ	Ham	함			

15 받침 ㅂ(비읍)이 있는 글자

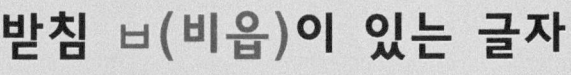

[Hece Sonunda 'ㅂ'(Bııp) Olan Kelimeler]

월   일

받침 ㅂ(비읍) [Hece Sonu 'ㅂ'(Bııp)]

다음 받침 ㅂ(비읍)이 들어간 글자를 쓰는 순서에 맞게 따라 쓰세요.
(Aşağıda sonunda 'ㅂ'(Bııp) bulunan heceleri yazılış sırasına özen göstererek yazınız.)

받침 ㅂ(비읍)	영어 표기	쓰기					
가+ㅂ	Gap	갑					
나+ㅂ	Nap	납					
다+ㅂ	Dap	답					
라+ㅂ	Rap	랍					
마+ㅂ	Map	맙					
바+ㅂ	Bap	밥					
사+ㅂ	Sap	삽					
아+ㅂ	Ap	압					
자+ㅂ	Jap	잡					
차+ㅂ	Chap	찹					
카+ㅂ	Kap	캅					
타+ㅂ	Tap	탑					
파+ㅂ	Pap	팝					
하+ㅂ	Hap	합					

16 받침 ㅅ(시옷)이 있는 글자

[Hece Sonunda 'ㅅ'(Şiot) Olan Kelimeler]

월 일

ᄅ 받침 ㅅ(시옷) [Hece Sonu 'ㅅ'(Şiot)]

다음 받침 ㅅ(시옷)이 들어간 글자를 쓰는 순서에 맞게 따라 쓰세요.

(Aşağıda sonunda 'ㅅ'(Şiot) bulunan heceleri yazılış sırasına özen göstererek yazınız.)

받침 ㅅ(시옷)	영어 표기	쓰기				
가+ㅅ	Gat	갓				
나+ㅅ	Nat	낫				
다+ㅅ	Dat	닷				
라+ㅅ	Rat	랏				
마+ㅅ	Mat	맛				
바+ㅅ	Bat	밧				
사+ㅅ	Sat	삿				
아+ㅅ	At	앗				
자+ㅅ	Jat	잣				
차+ㅅ	Chat	찻				
카+ㅅ	Kat	캇				
타+ㅅ	Tat	탓				
파+ㅅ	Pat	팟				
하+ㅅ	Hat	핫				

17 받침 ㅇ(이응)이 있는 글자
[Hece Sonunda 'ㅇ'(İing) Olan Kelimeler]

월   일

☰ 받침 ㅇ(이응) [Hece Sonu 'ㅇ'(İing)]

다음 받침 ㅇ(이응)이 들어간 글자를 쓰는 순서에 맞게 따라 쓰세요.
(Aşağıda sonunda 'ㅇ'(İing) bulunan heceleri yazılış sırasına özen göstererek yazınız.)

받침 ㅇ(이응)	영어 표기	쓰기					
가+ㅇ	Gang	강					
나+ㅇ	Nang	낭					
다+ㅇ	Dang	당					
라+ㅇ	Rang	랑					
마+ㅇ	Mang	망					
바+ㅇ	Bang	방					
사+ㅇ	Sang	상					
아+ㅇ	Ang	앙					
자+ㅇ	Jang	장					
차+ㅇ	Chang	창					
카+ㅇ	Kang	캉					
타+ㅇ	Tang	탕					
파+ㅇ	Pang	팡					
하+ㅇ	Hang	항					

18 받침 ㅈ(지읒)이 있는 글자
[Hece Sonunda 'ㅈ'(Cııt) Olan Kelimeler]

월   일

ㄷ 받침 ㅈ(지읒) [Olan Kelimeler 'ㅈ'(Cııt)]

다음 받침 ㅈ(지읒)이 들어간 글자를 쓰는 순서에 맞게 따라 쓰세요.

(Aşağıda sonunda 'ㅈ'(Cııt) bulunan heceleri yazılış sırasına özen göstererek yazınız.)

받침 ㅈ(지읒)	영어 표기	쓰기						
가+ㅈ	Gat	갗						
나+ㅈ	Nat	낮						
다+ㅈ	Dat	닺						
라+ㅈ	Rat	랒						
마+ㅈ	Mat	맞						
바+ㅈ	Bat	밪						
사+ㅈ	Sat	샂						
아+ㅈ	At	앚						
자+ㅈ	Jat	잦						
차+ㅈ	Chat	찾						
카+ㅈ	Kat	캊						
타+ㅈ	Tat	탖						
파+ㅈ	Pat	팣						
하+ㅈ	Hat	핫						

19 받침 ㅊ(치읓)이 있는 글자

[Hece Sonunda 'ㅊ'(Çiıt) Olan Kelimeler]

월 일

받침 ㅊ(치읓) [Hece Sonu 'ㅊ'(Çiıt)]

다음 받침 ㅊ(치읓)이 들어간 글자를 쓰는 순서에 맞게 따라 쓰세요.

(Aşağıda sonunda 'ㅊ'(Çiıt) bulunan heceleri yazılış sırasına özen göstererek yazınız.)

받침 ㅊ(치읓)	영어 표기	쓰기						
가+ㅊ	Gat	갖						
나+ㅊ	Nat	낮						
다+ㅊ	Dat	닺						
라+ㅊ	Rat	랒						
마+ㅊ	Mat	맞						
바+ㅊ	Bat	밫						
사+ㅊ	Sat	샃						
아+ㅊ	At	앛						
자+ㅊ	Jat	잧						
차+ㅊ	Chat	챷						
카+ㅊ	Kat	캋						
타+ㅊ	Tat	탖						
파+ㅊ	Pat	팣						
하+ㅊ	Hat	핫						

20 받침 ㅋ(키읔)이 있는 글자
[Hece Sonunda 'ㅋ'(Kıık) Olan Kelimeler]

월   일

ㄷ 받침 ㅋ(키읔) [Hece Sonu 'ㅋ'(Kıık)]

다음 받침 ㅋ(키읔)이 들어간 글자를 쓰는 순서에 맞게 따라 쓰세요.
(Aşağıda sonunda 'ㅋ'(Kıık) bulunan heceleri yazılış sırasına özen göstererek yazınız.)

받침 ㅋ(키읔)	영어 표기	쓰기					
가+ㅋ	Gak	각					
나+ㅋ	Nak	낙					
다+ㅋ	Dak	닥					
라+ㅋ	Rak	락					
마+ㅋ	Mak	막					
바+ㅋ	Bak	박					
사+ㅋ	Sak	삭					
아+ㅋ	Ak	악					
자+ㅋ	Jak	작					
차+ㅋ	Chak	착					
카+ㅋ	Kak	칵					
타+ㅋ	Tak	탁					
파+ㅋ	Pak	팍					
하+ㅋ	Hak	학					

21 받침 ㅌ(티읕)이 있는 글자
[Hece Sonunda 'ㅌ'(Tiit) Olan Kelimeler]

월   일

받침 ㅌ(티읕) [Hece Sonu 'ㅌ'(Tiit)]

다음 받침 ㅌ(티읕)이 들어간 글자를 쓰는 순서에 맞게 따라 쓰세요.
(Aşağıda sonunda 'ㅌ'(Tiit) bulunan heceleri yazılış sırasına özen göstererek yazınız.)

받침 ㅌ(티읕)	영어 표기	쓰기					
가+ㅌ	Gat	같					
나+ㅌ	Nat	낱					
다+ㅌ	Dat	닽					
라+ㅌ	Rat	랕					
마+ㅌ	Mat	맡					
바+ㅌ	Bat	밭					
사+ㅌ	Sat	샅					
아+ㅌ	At	앝					
자+ㅌ	Jat	잩					
차+ㅌ	Chat	챁					
카+ㅌ	Kat	캍					
타+ㅌ	Tat	탙					
파+ㅌ	Pat	팥					
하+ㅌ	Hat	핱					

22 받침 ㅍ(피읖)이 있는 글자
[Hece Sonunda 'ㅍ'(Pııp) Olan Kelimeler]

월   일

ㄷ 받침 ㅍ(피읖) [Hece Sonu 'ㅍ'(Pııp)]

다음 받침 ㅍ(피읖)이 들어간 글자를 쓰는 순서에 맞게 따라 쓰세요.
(Aşağıda sonunda 'ㅍ'(Pııp) bulunan heceleri yazılış sırasına özen göstererek yazınız.)

받침 ㅍ(피읖)	영어 표기	쓰기				
가+ㅍ	Gap	갚				
나+ㅍ	Nap	낲				
다+ㅍ	Dap	닲				
라+ㅍ	Rap	랲				
마+ㅍ	Map	맢				
바+ㅍ	Bap	밮				
사+ㅍ	Sap	샆				
아+ㅍ	Ap	앞				
자+ㅍ	Jap	잪				
차+ㅍ	Chap	챂				
카+ㅍ	Kap	캎				
타+ㅍ	Tap	탚				
파+ㅍ	Pap	팦				
하+ㅍ	Hap	핲				

23 받침 ㅎ(히읗)이 있는 글자

[Hece Sonunda 'ㅎ'(Hııt) Olan Kelimeler]

월 일

ᄃ 받침 ㅎ(히읗) [Hece Sonu 'ㅎ'(Hııt)]

다음 받침 ㅎ(히읗)이 들어간 글자를 쓰는 순서에 맞게 따라 쓰세요.

(Aşağıda sonunda 'ㅎ'(Hııt) bulunan heceleri yazılış sırasına özen göstererek yazınız.)

받침 ㅎ(히읗)	영어 표기	쓰기						
가+ㅎ	Gat	갛						
나+ㅎ	Nat	낳						
다+ㅎ	Dat	닿						
라+ㅎ	Rat	랗						
마+ㅎ	Mat	맣						
바+ㅎ	Bat	밯						
사+ㅎ	Sat	샇						
아+ㅎ	At	앟						
자+ㅎ	Jat	잫						
차+ㅎ	Chat	챃						
카+ㅎ	Kat	캏						
타+ㅎ	Tat	탛						
파+ㅎ	Pat	팧						
하+ㅎ	Hat	핳						

제6장

주제별 낱말

Bölüm 6
Konuyla İlgili Kelimeler

01 과일 [Meyveler]

■ 다음을 쓰는 순서에 맞게 따라 쓰세요.

(Aşağıdakileri yazılış sırasına özen göstererek yazınız.)

사	과				

사과 Elma

배					

배 Armut

바	나	나			

바나나 Muz

딸	기				

딸기 Çilek

토	마	토			

토마토 Domates

월   일

■ 다음을 쓰는 순서에 맞게 따라 쓰세요.
(Aşağıdakileri yazılış sırasına özen göstererek yazınız.)

수	박				
복	숭	아			
오	렌	지			
귤					
키	위				

수박 Karpuz

복숭아 Şeftali

오렌지 Portakal

귤 Mandalina

키위 Kivi

01 과일 [Meyveler]

월   일

■ 다음을 쓰는 순서에 맞게 따라 쓰세요.
(Aşağıdakileri yazılış sırasına özen göstererek yazınız.)

참	외					
파	인	애	플			
레	몬					
감						
포	도					

참외 Kavun

파인애플 Ananas

레몬 Limon

감 Hurma

포도 Üzüm

O2 동물 [Hayvanlar]

월   일

■ 다음을 쓰는 순서에 맞게 따라 쓰세요.
 (Aşağıdakileri yazılış sırasına özen göstererek yazınız.)

타	조					

타조 Devekuşu

호	랑	이				

호랑이 Kaplan

사	슴					

사슴 Geyik

고	양	이				

고양이 Kedi

여	우					

여우 Tilki

동물 [Hayvanlar]

월 일

■ 다음을 쓰는 순서에 맞게 따라 쓰세요.
(Aşağıdakileri yazılış sırasına özen göstererek yazınız.)

사	자					
코	끼	리				
돼	지					
강	아	지				
토	끼					

사자 Aslan

코끼리 Fil

돼지 Domuz

강아지 Köpek

토끼 Tavşan

O2 동물 [Hayvanlar]

■ 다음을 쓰는 순서에 맞게 따라 쓰세요.
(Aşağıdakileri yazılış sırasına özen göstererek yazınız.)

기	린					
곰						
원	숭	이				
너	구	리				
거	북	이				

기린 Zürafa

곰 Ayı

원숭이 Maymun

너구리 Rakun

거북이 Kaplumbağa

채소 [Sebzeler]

월 일

■ 다음을 쓰는 순서에 맞게 따라 쓰세요.
(Aşağıdakileri yazılış sırasına özen göstererek yazınız.)

배 추					
당 근					
마 늘					
시 금 치					
미 나 리					

배추 Lahana

당근 Havuç

마늘 Sarımsak

시금치 Ispanak

미나리 Su Maydanozu

03 채소 [Sebzeler]

월 일

■ 다음을 쓰는 순서에 맞게 따라 쓰세요.
(Aşağıdakileri yazılış sırasına özen göstererek yazınız.)

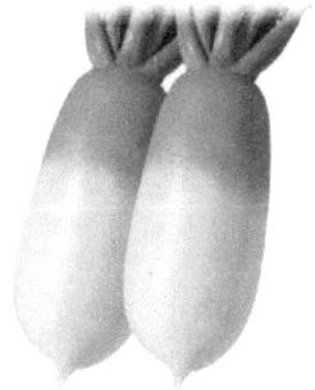

무						
상	추					
양	파					
부	추					
감	자					

무 Turp

상추 Marul

양파 Soğan

부추 Frenk Soğanı

감자 Patates

03 채소 [Sebzeler]

월 일

■ 다음을 쓰는 순서에 맞게 따라 쓰세요.
(Aşağıdakileri yazılış sırasına özen göstererek yazınız.)

오이 Salatalık

오	이					

파 Yeşil Soğan

파						

가지 Patlıcan

가	지					

고추 Biber

고	추					

양배추 Lahana

양	배	추				

직업 [Meslekler]

■ 다음을 쓰는 순서에 맞게 따라 쓰세요.
  (Aşağıdakileri yazılış sırasına özen göstererek yazınız.)

경찰관 Polis Memuru

경	찰	관			

소방관 İtfaiyeci

소	방	관			

요리사 Aşçı

요	리	사			

환경미화원
Temizlik Görevlisi

환	경	미	화	원	

화가 Ressam

화	가				

O4

직업 [Meslekler]

■ 다음을 쓰는 순서에 맞게 따라 쓰세요.
(Aşağıdakileri yazılış sırasına özen göstererek yazınız.)

간	호	사			
회	사	원			
미	용	사			
가	수				
소	설	가			

간호사 Hemşire

회사원 Ofis Çalışanı

미용사 Kuaför

가수 Şarkıcı

소설가 Yazar

직업 [Meslekler]

■ 다음을 쓰는 순서에 맞게 따라 쓰세요.
(Aşağıdakileri yazılış sırasına özen göstererek yazınız.)

의사 Doktor

의	사				

선생님 Öğretmen

선	생	님			

주부 Ev Hanımı

주	부				

운동선수 Sporcu

운	동	선	수		

우편집배원 Posta İşçisi

우	편	집	배	원	

음식 [Yemekler]

월 일

■ 다음을 쓰는 순서에 맞게 따라 쓰세요.
(Aşağıdakileri yazılış sırasına özen göstererek yazınız.)

	김	치	찌	개			

김치찌개 Kimchi Yahnisi

	미	역	국				

미역국 Yosunu Çorbası

	김	치	볶	음	밥		

김치볶음밥 Kimchili Pilav

	돈	가	스				

돈가스 Domuz Pirzolası

	국	수					

국수 Erişte

음식 [Yemekler]

월   일

■ 다음을 쓰는 순서에 맞게 따라 쓰세요.
(Aşağıdakileri yazılış sırasına özen göstererek yazınız.)

된	장	찌	개				
불	고	기					
김	밥						
라	면						
떡							

된장찌개 Deonjang Yahnisi

불고기 Bulgogi

김밥 Kimbap

라면 Ramen

떡 Pirinç Keki

05 음식 [Yemekler]

■ 다음을 쓰는 순서에 맞게 따라 쓰세요.
(Aşağıdakileri yazılış sırasına özen göstererek yazınız.)

순	두	부	찌	개	

순두부찌개
Yumuşak Tofu Yahnisi

비	빔	밥			

비빔밥 Bibimbap

만	두				

만두 Mandu

피	자				

피자 Pizza

케	이	크			

케이크 Pasta

06 위치 [Konum]

■ 다음을 쓰는 순서에 맞게 따라 쓰세요.
  (Aşağıdakileri yazılış sırasına özen göstererek yazınız.)

앞						
뒤						
위						
아	래					
오	른	쪽				

앞 Ön

뒤 Arka

위 Üst

아래 Alt

오른쪽 Sağ

위 치 [Konum]

■ 다음을 쓰는 순서에 맞게 따라 쓰세요.
  (Aşağıdakileri yazılış sırasına özen göstererek yazınız.)

왼	쪽				
옆					
안					
밖					
밑					

왼쪽 Sol

옆 Yan

안 İç

밖 Dış

밑 Alt

 **06** # 위치 [Konum]

 월   일

■ 다음을 쓰는 순서에 맞게 따라 쓰세요.
(Aşağıdakileri yazılış sırasına özen göstererek yazınız.)

사이 Arasında

사	이				

동쪽 Doğu

동	쪽				

서쪽 Batı

서	쪽				

남쪽 Güney

남	쪽				

북쪽 Kuzey

북	쪽				

07 탈것 [Araçlar]

월 일

■ 다음을 쓰는 순서에 맞게 따라 쓰세요.
(Aşağıdakileri yazılış sırasına özen göstererek yazınız.)

버 스				
비 행 기				
배				
오 토 바 이				
소 방 차				

버스 Otobüs

비행기 Uçak

배 Gemi

오토바이 Motosiklet

소방차 İtfaiye Arabası

O7

탈것 [Araçlar]

■ 다음을 쓰는 순서에 맞게 따라 쓰세요.

(Aşağıdakileri yazılış sırasına özen göstererek yazınız.)

자	동	차			
지	하	철			
기	차				
헬	리	콥	터		
포	클	레	인		

자동차 Araba

지하철 Metro

기차 Tren

헬리콥터 Helikopter

포클레인 İş Makinesi

■ 다음을 쓰는 순서에 맞게 따라 쓰세요.
(Aşağıdakileri yazılış sırasına özen göstererek yazınız.)

택	시				
자	전	거			
트	럭				
구	급	차			
기	구				

택시 Taksi

자전거 Bisiklet

트럭 Kamyon

구급차 Ambulans

기구 Balon

08 장소 [Mekanlar]

월 일

■ 다음을 쓰는 순서에 맞게 따라 쓰세요.
(Aşağıdakileri yazılış sırasına özen göstererek yazınız.)

집					
학	교				
백	화	점			
우	체	국			
약	국				

집 Ev

학교 Okul

백화점 Alışveriş Merkezi

우체국 Postane

약국 Eczane

장소 [Mekanlar]

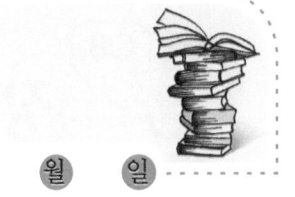

월 일

■ 다음을 쓰는 순서에 맞게 따라 쓰세요.
(Aşağıdakileri yazılış sırasına özen göstererek yazınız.)

시장 Market

시 장

식당 Restoran

식 당

슈퍼마켓 Süpermarket

슈 퍼 마 켓

서점 Kitapçı

서 점

공원 Park

공 원

장소 [Mekanlar]

월   일

■ 다음을 쓰는 순서에 맞게 따라 쓰세요.
  (Aşağıdakileri yazılış sırasına özen göstererek yazınız.)

은	행				
병	원				
문	구	점			
미	용	실			
극	장				

은행 Banka

병원 Hastane

문구점 Kırtasiye

미용실 Kuaför

극장 Tiyatro

09 계절, 날씨 [Mevsimler, Hava Durumu]

월   일

■ 다음을 쓰는 순서에 맞게 따라 쓰세요.
(Aşağıdakileri yazılış sırasına özen göstererek yazınız.)

봄				
여름				
가을				
겨울				
맑다				

봄 İlkbahar

여름 Yaz

가을 Sonbahar

겨울 Kış

맑다 Açık Hava

계절, 날씨 [Mevsimler, Hava Durumu]

월   일

■ 다음을 쓰는 순서에 맞게 따라 쓰세요.
(Aşağıdakileri yazılış sırasına özen göstererek yazınız.)

흐리다 Kapalı Hava

흐	리	다			

바람이 분다
Rüzgar Esiyor

바	람	이		분	다

비가 온다
Yağmur Yağıyor

비	가		온	다	

비가 그친다
Yağmur Duruyor

비	가		그	친	다

눈이 온다
Kar Yağıyor

눈	이		온	다	

09 계절, 날씨 [Mevsimler, Hava Durumu]

월   일

■ 다음을 쓰는 순서에 맞게 따라 쓰세요.
　(Aşağıdakileri yazılış sırasına özen göstererek yazınız.)

구름이				낀다				

구름이 낀다 Bulutlu

덥다 Sıcak

춥다 Soğuk

따뜻하다 Sıcak

시원하다 Serin

집 안의 사물 [Evdeki Eşyalar]

월   일

■ 다음을 쓰는 순서에 맞게 따라 쓰세요.
(Aşağıdakileri yazılış sırasına özen göstererek yazınız.)

소	파					
욕	조					
거	울					
샤	워	기				
변	기					

소파 Kanepe

욕조 Küvet

거울 Ayna

샤워기 Duş

변기 Tuvalet

10 집 안의 사물 [Evdeki Eşyalar]

월   일

■ 다음을 쓰는 순서에 맞게 따라 쓰세요.
(Aşağıdakileri yazılış sırasına özen göstererek yazınız.)

싱	크	대				
부	엌					
거	실					
안	방					
옷	장					

싱크대 Lavabo

부엌 Mutfak

거실 Oturma Odası

안방 Yatak Odası

옷장 Gardırop

집 안의 사물 [Evdeki Eşyalar]

월   일

■ 다음을 쓰는 순서에 맞게 따라 쓰세요.
(Aşağıdakileri yazılış sırasına özen göstererek yazınız.)

화장대 Makyaj Masası

화	장	대			

식탁 Yemek Masası

식	탁				

책장 Kitaplık

책	장				

작은방 Küçük Oda

작	은	방			

침대 Yatak

침	대				

11 가족 명칭 [Aile/Akrabalar]

월 일

■ 다음을 쓰는 순서에 맞게 따라 쓰세요.
(Aşağıdakileri yazılış sırasına özen göstererek yazınız.)

 **할머니** Anneanne/Babaanne	할 머 니
 **할아버지** Dede	할 아 버 지
 **아버지** Baba	아 버 지
 **어머니** Anne	어 머 니
 **오빠** Ağabey	오 빠

11 가족 명칭 [Aile/Akrabalar]

월   일

■ 다음을 쓰는 순서에 맞게 따라 쓰세요.
  (Aşağıdakileri yazılış sırasına özen göstererek yazınız.)

형					
나					
남	동	생			
여	동	생			
언	니				

형 Ağabey

나 Ben

남동생 Erkek Kardeş

여동생 Kız Kardeş

언니 Abla

11 가족 명칭 [Aile/Akrabalar]

■ 다음을 쓰는 순서에 맞게 따라 쓰세요.
(Aşağıdakileri yazılış sırasına özen göstererek yazınız.)

누	나				
삼	촌				
고	모				
이	모				
이	모	부			

누나 Abla

삼촌 Amca

고모 Hala

이모 Teyze

이모부 Enişte

12

학용품 [Okul Malzemeleri]

월   일

■ 다음을 쓰는 순서에 맞게 따라 쓰세요.
(Aşağıdakileri yazılış sırasına özen göstererek yazınız.)

공	책					
스	케	치	북			
색	연	필				
가	위					
풀						

공책 Defter

스케치북 Eskiz Defteri

색연필 Kuru Boya

가위 Makas

풀 Yapıştırıcı

제6장 주제별 낱말 ● **97**

12 학용품 [Okul Malzemeleri]

월   일

■ 다음을 쓰는 순서에 맞게 따라 쓰세요.
(Aşağıdakileri yazılış sırasına özen göstererek yazınız.)

일	기	장			

일기장 Günlük

연	필				

연필 Kurşun Kalem

칼					

칼 Maket Bıçağı

물	감				

물감 Sulu Boya

자					

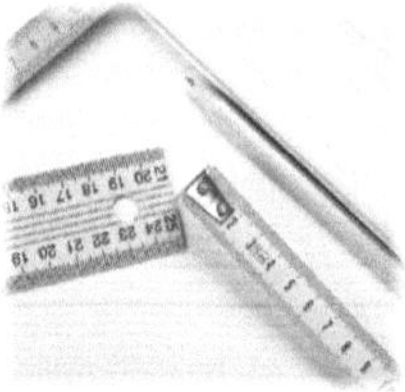

자 Cetvel

학용품 [Okul Malzemeleri]

월   일

■ 다음을 쓰는 순서에 맞게 따라 쓰세요.
(Aşağıdakileri yazılış sırasına özen göstererek yazınız.)

색	종	이			
사	인	펜			
크	레	파	스		
붓					
지	우	개			

색종이 Renkli Kağıt

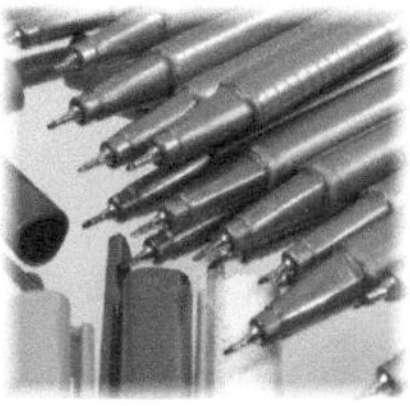

사인펜 Tükenmez Kalem

크레파스 Pastel Boya

붓 Fırça

지우개 Silgi

13 꽃 [Çiçekler]

■ 다음을 쓰는 순서에 맞게 따라 쓰세요.
(Aşağıdakileri yazılış sırasına özen göstererek yazınız.)

장	미				
진	달	래			
민	들	레			
나	팔	꽃			
맨	드	라	미		

장미 Gül

진달래 Açelya

민들레 Karahindiba

나팔꽃 Sabah Sefası

맨드라미 Horozibiği

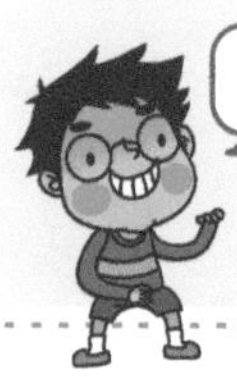

꽃 [Çiçekler]

■ 다음을 쓰는 순서에 맞게 따라 쓰세요.
(Aşağıdakileri yazılış sırasına özen göstererek yazınız.)

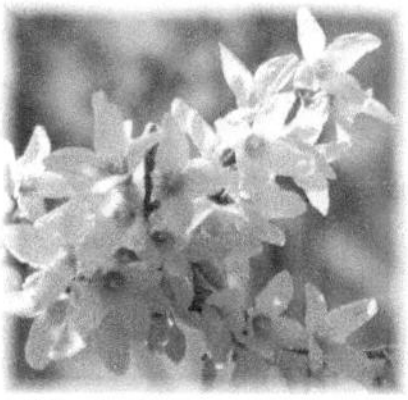

개	나	리			
벚	꽃				
채	송	화			
국	화				
무	궁	화			

개나리 Altın Çanak

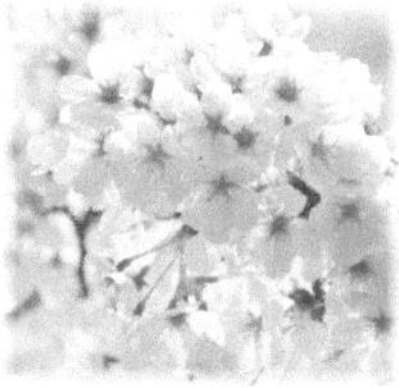

벚꽃 Kiraz Çiçeği

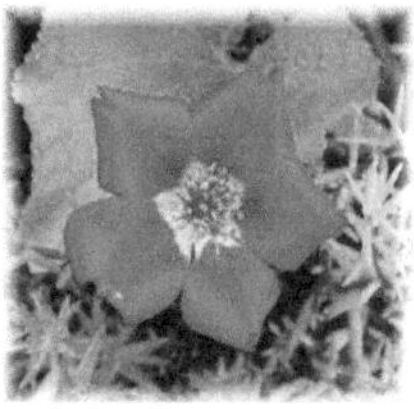

채송화 İpek Çiçeği

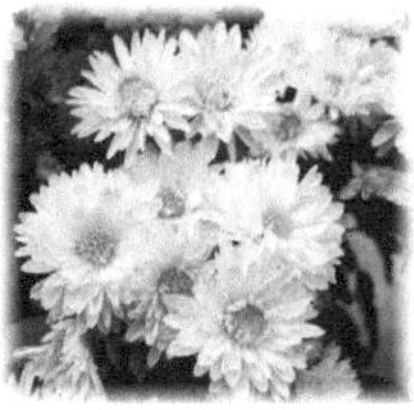

국화 Kasımpatı

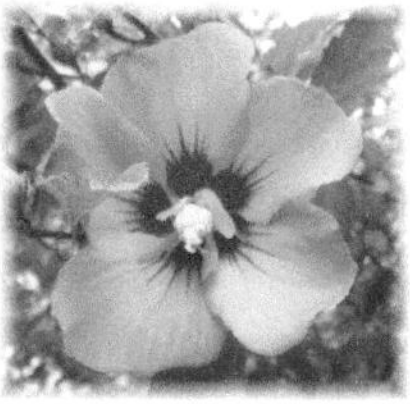

무궁화 Amber Çiçeği

꽃 [Çiçekler]

■ 다음을 쓰는 순서에 맞게 따라 쓰세요.
(Aşağıdakileri yazılış sırasına özen göstererek yazınız.)

튤	립				
봉	숭	아			
해	바	라	기		
카	네	이	션		
코	스	모	스		

튤립 Lale

봉숭아 Kına Çiçeği

해바라기 Ayçiçeği

카네이션 Karanfil

코스모스
Meksika Yıldızı

 **14** 나라 이름 [Ülke Adları]

월 일

■ 다음을 쓰는 순서에 맞게 따라 쓰세요.
(Aşağıdakileri yazılış sırasına özen göstererek yazınız.)

한	국					
필	리	핀				
일	본					
캄	보	디	아			
아	프	가	니	스	탄	

한국 Kore

필리핀 Filipinler

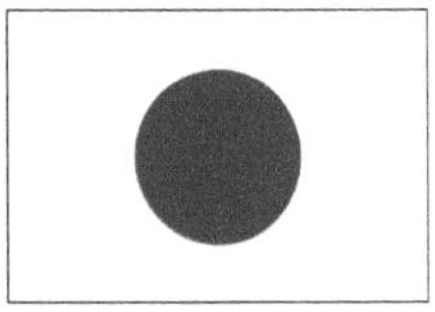

일본 Japonya

캄보디아 Kamboçya

아프가니스탄 Afganistan

14 나라 이름 [Ülke Adları]

월 일

■ 다음을 쓰는 순서에 맞게 따라 쓰세요.
(Aşağıdakileri yazılış sırasına özen göstererek yazınız.)

중	국				

중국 Çin

태	국				

태국 Tayland

베	트	남			

베트남 Vietnam

인	도				

인도 Hindistan

영	국				

영국 İngiltere

14 나라 이름 [Ülke Adları]

■ 다음을 쓰는 순서에 맞게 따라 쓰세요.
(Aşağıdakileri yazılış sırasına özen göstererek yazınız.)

미 국					
몽 골					
우 즈 베 키 스 탄					
러 시 아					
캐 나 다					

미국 ABD

몽골 Moğolistan

우즈베키스탄 Özbekistan

러시아 Rusya

캐나다 Kanada

악기 [Müzik Aletleri]

월   일

■ 다음을 쓰는 순서에 맞게 따라 쓰세요.
(Aşağıdakileri yazılış sırasına özen göstererek yazınız.)

기	타				
북					
트	라	이	앵	글	
하	모	니	카		
징					

기타 Gitar

북 Davul

트라이앵글 Üçgen

하모니카 Armonika

징 Gong

15 악기 [Müzik Aletleri]

■ 다음을 쓰는 순서에 맞게 따라 쓰세요.
(Aşağıdakileri yazılış sırasına özen göstererek yazınız.)

피	아	노				
탬	버	린				
나	팔					
장	구					
소	고					

피아노 Piyano

탬버린 Tef

나팔 Trompet

장구 Janggu

소고 Sogo

악기 [Müzik Aletleri]

월 일

■ 다음을 쓰는 순서에 맞게 따라 쓰세요.
(Aşağıdakileri yazılış sırasına özen göstererek yazınız.)

피	리			
실	로	폰		
바	이	올	린	
쨍	과	리		
가	야	금		

피리 Flüt

실로폰 Ksilofon

바이올린 Keman

쨍과리 Kkwaenggwari

가야금
Gayageum

16

옷 [Kıyafetler]

월   일

■ 다음을 쓰는 순서에 맞게 따라 쓰세요.
(Aşağıdakileri yazılış sırasına özen göstererek yazınız.)

티셔츠 Tişört

티	셔	츠			

바지 Pantolon

바	지				

점퍼 Kazak

점	퍼				

정장 Takım Elbise

정	장				

와이셔츠 Gömlek

와	이	셔	츠		

16 옷 [Kıyafetler]

■ 다음을 쓰는 순서에 맞게 따라 쓰세요.

(Aşağıdakileri yazılış sırasına özen göstererek yazınız.)

반	바	지				
코	트					
교	복					
블	라	우	스			
청	바	지				

반바지 Şort

코트 Trençkot

교복 Okul Forması

블라우스 Bluz

청바지 Kot Pantolon

16 **옷** [Kıyafetler]

월 일

■ 다음을 쓰는 순서에 맞게 따라 쓰세요.
 (Aşağıdakileri yazılış sırasına özen göstererek yazınız.)

양복 Takım Elbise

양	복				

작업복 İş Kıyafetleri

작	업	복			

스웨터 Kazak

스	웨	터			

치마 Etek

치	마				

한복 Hanbok

한	복				

17 색깔 [Renkler]

■ 다음을 쓰는 순서에 맞게 따라 쓰세요.
(Aşağıdakileri yazılış sırasına özen göstererek yazınız.)

빨	간	색				

빨간색 Kırmızı

주	황	색				

주황색 Turuncu

초	록	색				

초록색 Yeşil

노	란	색				

노란색 Sarı

파	란	색				

파란색 Mavi

17 색깔 [Renkler]

■ 다음을 쓰는 순서에 맞게 따라 쓰세요.
  (Aşağıdakileri yazılış sırasına özen göstererek yazınız.)

보	라	색			
분	홍	색			
하	늘	색			
갈	색				
검	은	색			

보라색 Mor

분홍색 Pembe

하늘색 Açık Mavi

갈색 Kahverengi

검은색 Siyah

18 취미 [Hobiler]

■ 다음을 쓰는 순서에 맞게 따라 쓰세요.
(Aşağıdakileri yazılış sırasına özen göstererek yazınız.)

요	리					
노	래					
등	산					
영	화	감	상			
낚	시					

요리 Yemek Yapmak

노래 Şarkı Söylemek

등산
Dağ Tırmanışı Yapmak

영화감상 Film İzlemek

낚시 Balık Tutmak

18 취미 [Hobiler]

■ 다음을 쓰는 순서에 맞게 따라 쓰세요.
(Aşağıdakileri yazılış sırasına özen göstererek yazınız.)

음	악	감	상				
게	임						
드	라	이	브				
여	행						
독	서						

음악감상 Müzik Dinlemek

게임 Oyun Oynamak

드라이브 Araba Kullanmak

여행 Seyahat Etmek

독서 Kitap Okumak

18 취미 [Hobiler]

월 일

■ 다음을 쓰는 순서에 맞게 따라 쓰세요.
(Aşağıdakileri yazılış sırasına özen göstererek yazınız.)

쇼	핑				
운	동				
수	영				
사	진	촬	영		
악	기	연	주		

쇼핑 Alışveriş Yapmak

운동 Egzersiz Yapmak

수영 Yüzmek

사진촬영 Fotoğraf Çekmek

악기연주 Enstrüman Çalmak

운동 [Sporlar]

월   일

■ 다음을 쓰는 순서에 맞게 따라 쓰세요.
(Aşağıdakileri yazılış sırasına özen göstererek yazınız.)

야	구					
배	구					
축	구					
탁	구					
농	구					

야구 Beyzbol

배구 Voleybol

축구 Futbol

탁구 Masa Tenisi

농구 Basketbol

19 운동 [Sporlar]

■ 다음을 쓰는 순서에 맞게 따라 쓰세요.
(Aşağıdakileri yazılış sırasına özen göstererek yazınız.)

골	프				
스	키				
수	영				
권	투				
씨	름				

골프 Golf

스키 Kayak

수영 Yüzme

권투 Boks

씨름 Kore Güreşi

19 운동 [Sporlar]

월 일

■ 다음을 쓰는 순서에 맞게 따라 쓰세요.
(Aşağıdakileri yazılış sırasına özen göstererek yazınız.)

테니스 Tenis

테	니	스			

레슬링 Güreş

레	슬	링			

태권도 Tekvando

태	권	도			

배드민턴 Badminton

배	드	민	턴		

스케이트 Buz Pateni

스	케	이	트		

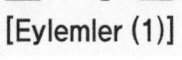

20 움직임 말(1)
[Eylemler (1)]

월   일

■ 다음을 쓰는 순서에 맞게 따라 쓰세요.
(Aşağıdakileri yazılış sırasına özen göstererek yazınız.)

가 다				
오 다				
먹 다				
사 다				
읽 다				

가다 Gitmek

오다 Gelmek

먹다 Yemek

사다 Satın Almek

읽다 Okumak

20 움직임 말(1)
[Eylemler (1)]

월　　일

■ 다음을 쓰는 순서에 맞게 따라 쓰세요.
　(Aşağıdakileri yazılış sırasına özen göstererek yazınız.)

씻	다					

씻다 Yıkamak

자	다					

자다 Uyumak

보	다					

보다 Görmek

일	하	다				

일하다 Çalışmak

만	나	다				

만나다 Buluşmak

움직임 말(1)
[Eylemler (1)]

월 일

■ 다음을 쓰는 순서에 맞게 따라 쓰세요.
(Aşağıdakileri yazılış sırasına özen göstererek yazınız.)

마시다 İçmek

마	시	다			

빨래하다
Çamaşır Yıkamak

빨	래	하	다		

청소하다
Temizlik Yapmak

청	소	하	다		

요리하다
Yemek Pişirmek

요	리	하	다		

공부하다
Ders Çalışmak

공	부	하	다		

21 움직임 말(2)
[Eylemler (2)]

월   일

■ 다음을 쓰는 순서에 맞게 따라 쓰세요.
(Aşağıdakileri yazılış sırasına özen göstererek yazınız.)

공을 차다
Topa Vurmak

이를 닦다
Diş Fırçalamak

목욕을 하다
Banyo Yapmak

세수를 하다
Yüzünü Yıkamak

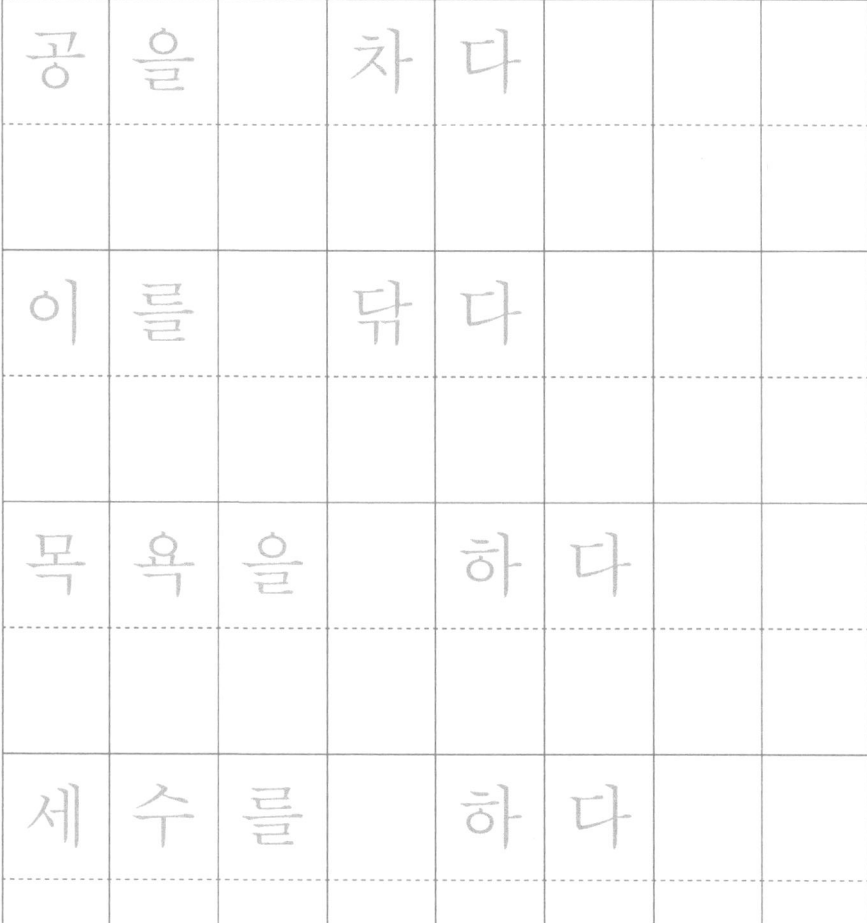

공	을		차	다		
이	를		닦	다		
목	욕	을		하	다	
세	수	를		하	다	
등	산	을		하	다	

등산을 하다
Dağa Çıkmak

21 움직임 말(2)

[Eylemler (2)]

월 일

다음을 쓰는 순서에 맞게 따라 쓰세요.
(Aşağıdakileri yazılış sırasına özen göstererek yazınız.)

머	리	를		감	다	

머리를 감다
Saçını Yıkamak

영	화	를		보	다	

영화를 보다
Film Izlemek

공	원	에		가	다	

공원에 가다
Parka Gitmek

여	행	을		하	다	

여행을 하다
Seyahate Çıkmak

산	책	을		하	다	

산책을 하다
Yürüyüşe Çıkmak

21 움직임 말(2)
[Eylemler (2)]

월 일

■ 다음을 쓰는 순서에 맞게 따라 쓰세요.
(Aşağıdakileri yazılış sırasına özen göstererek yazınız.)

수	영	을	하	다
쇼	핑	을	하	다
사	진	을	찍	다
샤	워	를	하	다

수영을 하다 Yüzmek

쇼핑을 하다 Alışveriş Yapmak

사진을 찍다 Fotoğraf Çekmek

샤워를 하다 Duş Almak

이	야	기	를	하	다

이야기를 하다 Sohbet Etmek

움직임 말(3)
[Eylemler (3)]

월 일

■ 다음을 쓰는 순서에 맞게 따라 쓰세요.
(Aşağıdakileri yazılış sırasına özen göstererek yazınız.)

놀 다							
자 다							
쉬 다							
쓰 다							
듣 다							

놀다 Oynamak

자다 Uyumak

쉬다 Dinlenmek

쓰다 Yazmak

듣다 Dinlemek

움직임 말(3)
[Eylemler (3)]

월 일

■ 다음을 쓰는 순서에 맞게 따라 쓰세요.
(Aşağıdakileri yazılış sırasına özen göstererek yazınız.)

	닫	다				

닫다 Kapatmak

	켜	다				

켜다 Açmak

	서	다				

서다 Ayakta Durmak

	앉	다				

앉다 Oturmak

	끄	다				

끄다 Kapatmak

 **22** 움직임 말(3)
[Eylemler (3)]

월 일

■ 다음을 쓰는 순서에 맞게 따라 쓰세요.
(Aşağıdakileri yazılış sırasına özen göstererek yazınız.)

열	다					

열다 Açmak

나	오	다				

나오다 Çıkmak

배	우	다				

배우다 Öğrenmek

들	어	가	다			

들어가다 Girmek

가	르	치	다			

가르치다 Öğretmek

 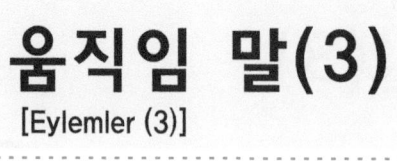 

움직임 말(3)

[Eylemler (3)]

월   일

■ 다음을 쓰는 순서에 맞게 따라 쓰세요.

(Aşağıdakileri yazılış sırasına özen göstererek yazınız.)

부	르	다			

부르다 Çağırmak

달	리	다			

달리다 Koşmak

기	다				

기다 Emeklemek

날	다				

날다 Uçmak

긁	다				

긁다 Kaşımak

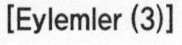

22 움직임 말(3)
[Eylemler (3)]

월   일

■ 다음을 쓰는 순서에 맞게 따라 쓰세요.
（Aşağıdakileri yazılış sırasına özen göstererek yazınız.）

찍	다				
벌	리	다			
키	우	다			
갈	다				
닦	다				

찍다 Çekmek

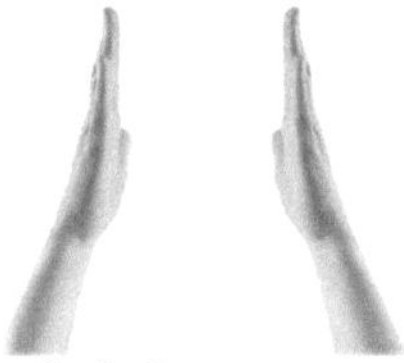

벌리다 Aralamak

키우다 Büyütmek

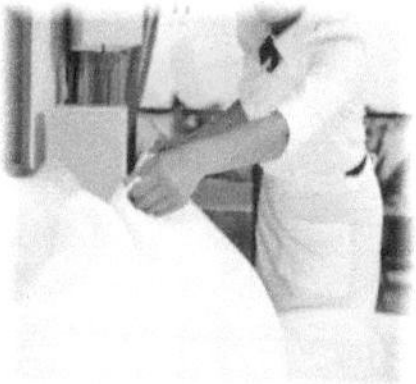

갈다
Yenisiyle Değiştirmek

닦다 Silmek

130 ● 튀르키예어를 사용하는 국민을 위한 기초 한글 배우기
Ana Dili Türkçe Olanlar için Temel Hangıl Eğitimi

세는 말(단위)
[Sayı Kelimeleri (Birim)]

■ 다음을 쓰는 순서에 맞게 따라 쓰세요.
(Aşağıdakileri yazılış sırasına özen göstererek yazınız.)

개						
대						
척						
송이						
그루						

개 tane

대 tane (araba vs için)

척 tane (gemi için)

송이 demet

그루 tane (ağaç için)

23 세는 말(단위)
[Sayı Kelimeleri (Birim)]

월 일

■ 다음을 쓰는 순서에 맞게 따라 쓰세요.
(Aşağıdakileri yazılış sırasına özen göstererek yazınız.)

상	자				
 봉	지				
장					
병					
자	루				

상자 kutu

봉지 poşet

장 sayfa

병 şişe

자루
tane (kalem, fırça vs için)

23 세는 말(단위)
[Sayı Kelimeleri (Birim)]

월   일

■ 다음을 쓰는 순서에 맞게 따라 쓰세요.
(Aşağıdakileri yazılış sırasına özen göstererek yazınız.)

벌						
켤 레						
권						
마 리						
잔						

벌 tane (kıyafet)

켤레 çift

권 cilt

마리 baş (hayvan)

잔 bardak

23 세는 말(단위)
[Sayı Kelimeleri (Birim)]

월 일

■ 다음을 쓰는 순서에 맞게 따라 쓰세요.
(Aşağıdakileri yazılış sırasına özen göstererek yazınız.)

채						
명						
통						
가 마						
첩						

채 hane

명 kişi

통 bidon

가마 çuval

첩 tane (paket için)

24 꾸미는 말(1)
[Sıfatlarr (1)]

월   일

■ 다음을 쓰는 순서에 맞게 따라 쓰세요.
(Aşağıdakileri yazılış sırasına özen göstererek yazınız.)

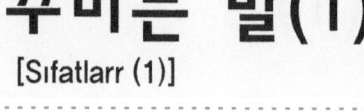

많 다					
적 다					
크 다					
작 다					
비 싸 다					

많다 Çok

적다 Az

크다 Büyük

작다 Küçük

비싸다 Pahalı

24 꾸미는 말(1)
[Sıfatlarr (1)]

■ 다음을 쓰는 순서에 맞게 따라 쓰세요.
(Aşağıdakileri yazılış sırasına özen göstererek yazınız.)

싸 다					
길 다					
짧 다					
빠 르 다					
느 리 다					

싸다 Ucuz

길다 Uzun

짧다 Kısa

빠르다 Hızlı

느리다 Yavaş

 **24** # 꾸미는 말(1)
[Sıfatlarr (1)]

월 일

■ 다음을 쓰는 순서에 맞게 따라 쓰세요.
　(Aşağıdakileri yazılış sırasına özen göstererek yazınız.)

굵	다					

굵다 Kalın

가	늘	다				

가늘다 İnce

밝	다					

밝다 Aydınlık

어	둡	다				

어둡다 Karanlık

좋	다					

좋다 İyi

25 꾸미는 말(2)

[Sıfatlarr (2)]

월 일

■ 다음을 쓰는 순서에 맞게 따라 쓰세요.

(Aşağıdakileri yazılış sırasına özen göstererek yazınız.)

맵	다				
시	다				
가	볍	다			
좁	다				
따	뜻	하	다		

맵다 Acı

시다 Ekşi

가볍다 Hafif

좁다 Dar

따뜻하다 Sıcak

25 꾸미는 말(2)
[Sıfatlarr (2)]

월   일

■ 다음을 쓰는 순서에 맞게 따라 쓰세요.
(Aşağıdakileri yazılış sırasına özen göstererek yazınız.)

짜	다					
쓰	다					
무	겁	다				
깊	다					
차	갑	다				

짜다 Tuzlu

쓰다 Acı

무겁다 Ağır

깊다 Derin

차갑다 Soğuk

25 **꾸미는 말(2)**
[Sıfatlarr (2)]

월 일

■ 다음을 쓰는 순서에 맞게 따라 쓰세요.
（Aşağıdakileri yazılış sırasına özen göstererek yazınız.）

달	다					
싱	겁	다				
넓	다					
얕	다					
귀	엽	다				

달다 Tatlı

싱겁다 Lezzetsiz

넓다 Geniş

얕다 Sığ

귀엽다 Sevimli

월   일

■ 다음을 쓰는 순서에 맞게 따라 쓰세요.
(Aşağıdakileri yazılış sırasına özen göstererek yazınız.)

기	쁘	다			

기쁘다 Mutlu Olmak

슬	프	다			

슬프다 Üzgün Olmak

화	나	다			

화나다 Kızgın Olmak

놀	라	다			

놀라다 Şaşırmak

곤	란	하	다		

곤란하다 Sıkıntılı Olmak

26 기분을 나타내는 말
[Duyguları İfade Eden Kelimeler]

월   일

■ 다음을 쓰는 순서에 맞게 따라 쓰세요.
(Aşağıdakileri yazılış sırasına özen göstererek yazınız.)

궁	금	하	다

궁금하다 Merak Etmek

지	루	하	다

지루하다 Sıkıcı Olmak

부	끄	럽	다

부끄럽다 Utanmak

피	곤	하	다

피곤하다 Yorulmak

신	나	다	

신나다
Heyecanlı Olmak

27 높임말 [Saygı İfadeleri]

월   일

■ 다음을 쓰는 순서에 맞게 따라 쓰세요.
(Aşağıdakileri yazılış sırasına özen göstererek yazınız.)

집						
댁						
밥						
진	지					
병						
병	환					
말						
말	씀					
나	이					
연	세					

집 Ev → 댁 Ev

밥 Yemek → 진지 Yemek

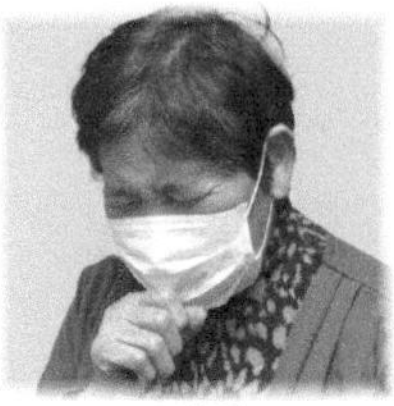

병 Hastalık → 병환 Hastalık

말 Söz → 말씀 Söz

나이 Yaş → 연세 Yaş

27 높임말 [Saygı İfadeleri]

■ 다음을 쓰는 순서에 맞게 따라 쓰세요.
(Aşağıdakileri yazılış sırasına özen göstererek yazınız.)

생	일				
생	신				
있	다				
계	시	다			
먹	다				
드	시	다			
자	다				
주	무	시	다		
주	다				
드	리	다			

생일 Doğumgünü →
생신 Doğumgünü

있다 Olmak → 계시다 Olmak

먹다 Yemek → 드시다 Yemek

자다 Uyumak → 주무시다 Uyumak

주다 Vermek → 드리다 Vermek

소리가 같은 말(1)

[Eşsesli Kelimeler (1)]

월   일

■ 다음을 쓰는 순서에 맞게 따라 쓰세요.
(Aşağıdakileri yazılış sırasına özen göstererek yazınız.)

눈 Göz (단음)	눈 Kar (장음)	눈				
발 Ayak (단음)	발 Ayak(Eşya Için) (장음)	발				
밤 Gece (단음)	밤 Kestane (장음)	밤				
차 Araba (단음)	차 Çay (단음)	차				
비 Yağmur (단음)	비 Süpürge (단음)	비				

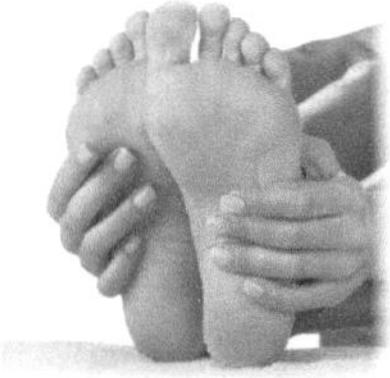

28 소리가 같은 말(1)
[Eşsesli Kelimeler (1)]

월   일

■ 다음을 쓰는 순서에 맞게 따라 쓰세요.
（Aşağıdakileri yazılış sırasına özen göstererek yazınız.）

말					
벌					
상					
굴					
배					

말 At (단음)    말 Söz (장음)

벌 Ceza (단음)    벌 Arı (장음)

상 Masa (단음)    상 Ödül (단음)

굴 İstiridye (단음)    굴 Mağara (장음)

배 Gemi (단음) 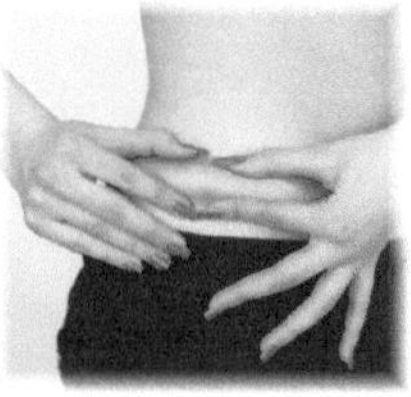   배 Göbek (단음)

28 소리가 같은 말(1)
[Eşsesli Kelimeler (1)]

월   일

■ 다음을 쓰는 순서에 맞게 따라 쓰세요.
(Aşağıdakileri yazılış sırasına özen göstererek yazınız.)

다 리				
새 끼				
돌				
병				
바 람				

다리 Köprü (단음)   다리 Bacak (단음)

새끼 Yavru (단음)   새끼 Halat (단음)

돌 Taş (장음)   돌 Birinci Yaş (단음)

병 Hastalık (장음)   병 Şişe (단음)

바람 Rüzgâr (단음)   바람 Ümit (단음)

29 소리가 같은 말(2)
[Eşsesli Kelimeler (2)]

월   일

■ 다음을 쓰는 순서에 맞게 따라 쓰세요.
  (Aşağıdakileri yazılış sırasına özen göstererek yazınız.)

깨	다				
묻	다				
싸	다				
세	다				
차	다				

깨다 Uyanmak (장음) 　　깨다 Kırmak (단음)

묻다 Gömmek (단음) 　　묻다 Sormak (장음)

싸다 Ucuz Olmak (단음) 　　싸다 Tuvaletini Yapmak (단음)

세다 Saymak (장음) 　　세다 Güçlü (장음)

차다 Soğuk (단음) 　　차다 Dolu (단음)

29 소리가 같은 말(2)

[Eşsesli Kelimeler (2)]

월   일

■ 다음을 쓰는 순서에 맞게 따라 쓰세요.
（Aşağıdakileri yazılış sırasına özen göstererek yazınız.）

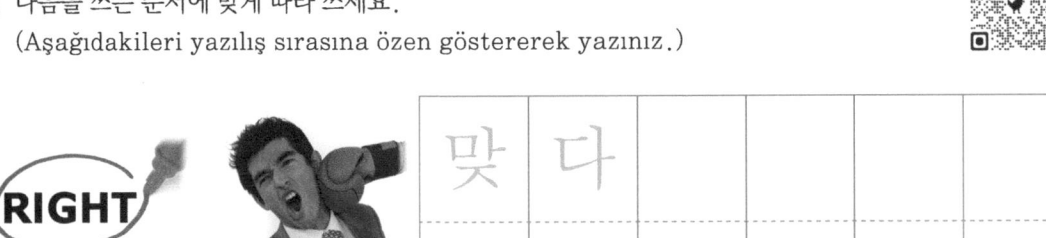

맞다 Uymak (단음)    맞다 Dayak Yemek (단음)

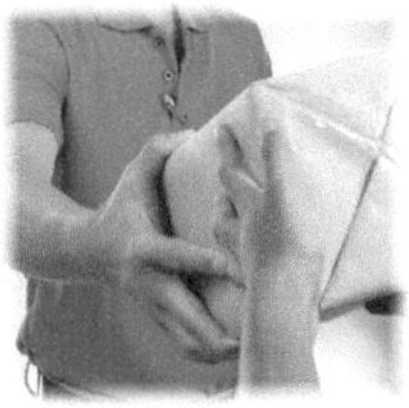

맡다 Üstlenmek (단음)    맡다 Koklamak (단음)

쓰다 Yazmak (단음)    쓰다 Acı (단음)

맞 다			
맡 다			
쓰 다			

30 소리를 흉내 내는 말
[Yansıma Kelimeler]

월   일

■ 다음을 쓰는 순서에 맞게 따라 쓰세요.
(Aşağıdakileri yazılış sırasına özen göstererek yazınız.)

어흥 Aslan kükremesi

어	흥				

꿀꿀 Domuz sesi

꿀	꿀				

야옹 Miyav

야	옹				

꼬꼬댁 Horoz ötüşü

꼬	꼬	댁			

꽥꽥 Vak vak

꽥	꽥				

30 소리를 흉내 내는 말
[Yansıma Kelimeler]

월   일

■ 다음을 쓰는 순서에 맞게 따라 쓰세요.
(Aşağıdakileri yazılış sırasına özen göstererek yazınız.)

붕						
매앰						
부르릉						
딩동						
빠빠						

붕 Arı vızıltısı

매앰 Ağustos böceği sesi

부르릉 Araba motor sesi

딩동 Ding dong (zil sesi)

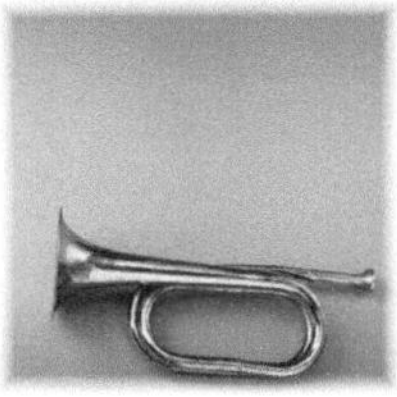

빠빠 Trompet sesi

부록 Appendix

안녕하세요! K-한글(www.k-hangul.kr)입니다.
'외국인을 위한 기초 한글 배우기' 1호 기초 편에서 다루지 못한 내용을 부록 편에
다음과 같이 **40가지 주제별로** 수록하니, 많은 이용 바랍니다.

번호	주제	번호	주제	번호	주제
1	**숫자**(50개) Number(s)	16	**인칭 대명사**(14개) Personal pronouns	31	**물건 사기**(30개) Buying Goods
2	**연도**(15개) Year(s)	17	**지시 대명사**(10개) Demonstrative pronouns	32	**전화하기**(21개) Making a phone call
3	**월**(12개) Month(s)	18	**의문 대명사**(10개) Interrogative pronouns	33	**인터넷**(20개) Words related to the Internet
4	**일**(31개) Day(s)	19	**가족**(24개) Words related to Family	34	**건강**(35개) Words related to health
5	**요일**(10개) Day of a week	20	**국적**(20개) Countries	35	**학교**(51개) Words related to school
6	**년**(20개) Year(s)	21	**인사**(5개) Phrases related to greetings	36	**취미**(28개) Words related to hobby
7	**개월**(12개) Month(s)	22	**작별**(5개) Phrases related to bidding farewell	37	**여행**(35개) Travel
8	**일(간), 주일(간)**(16개) Counting Days	23	**감사**(3개) Phrases related to expressing gratitude	38	**날씨**(27개) Weather
9	**시**(20개) Units of Time(hours)	24	**사과**(7개) Phrases related to making an apology	39	**은행**(25개) Words related to bank
10	**분**(16개) Units of Time(minutes)	25	**요구, 부탁**(5개) Phrases related to asking a favor	40	**우체국**(14개) Words related to post office
11	**시간**(10개) Hour(s)	26	**명령, 지시**(5개) Phrases related to giving instructions		
12	**시간사**(25개) Words related to Time	27	**칭찬, 감탄**(7개) Phrases related to compliment and admiration		
13	**계절**(4개) seasons	28	**환영, 축하, 기원**(10개) Phrases related to welcoming, congratulating and blessing		
14	**방위사**(14개) Words related to directions	29	**식당**(30개) Words related to Restaurant		
15	**양사**(25개) quantifier	30	**교통**(42개) Words related to transportation		

MP3	주제	단어
	1. 숫자	1, 2, 3, 4, 5, / 6, 7, 8, 9, 10, / 11, 12, 13, 14, 15, / 16, 17, 18, 19, 20, / 21, 22, 23, 24, 25, / 26, 27, 28, 29, 30, / 31, 40, 50, 60, 70, / 80, 90, 100, 101, 102, / 110, 120, 130, 150, 천, / 만, 십만, 백만, 천만, 억
	2. 연도	1999년, 2000년, 2005년, 2010년, 2015년, / 2020년, 2023년, 2024년, 2025년, 2026년, / 2030년, 2035년, 2040년, 2045년, 2050년
	3. 월	1월, 2월, 3월, 4월, 5월, / 6월, 7월, 8월, 9월, 10월, / 11월, 12월
	4. 일	1일, 2일, 3일, 4일, 5일, / 6일, 7일, 8일, 9일, 10일, / 11일, 12일, 13일, 14일, 15일, / 16일, 17일, 18일, 19일, 20일, / 21일, 22일, 23일, 24일, 25일, / 26일, 27일, 28일, 29일, 30일, / 31일
	5. 요일	월요일, 화요일, 수요일, 목요일, 금요일, / 토요일, 일요일, 공휴일, 식목일, 현충일
	6. 년	1년, 2년, 3년, 4년, 5년, / 6년, 7년, 8년, 9년, 10년, / 15년, 20년, 30년, 40년, 50년, / 100년, 200년, 500년, 1000년, 2000년
	7. 개월	1개월(한 달), 2개월(두 달), 3개월(석 달), 4개월(네 달), 5개월(다섯 달), / 6개월(여섯 달), 7개월(일곱 달), 8개월(여덟 달), 9개월(아홉 달), 10개월(열 달), / 11개월(열한 달), 12개월(열두 달)
	8. 일(간), 주일(간)	하루(1일), 이틀(2일), 사흘(3일), 나흘(4일), 닷새(5일), / 엿새(6일), 이레(7일), 여드레(8일), 아흐레(9일), 열흘(10일), / 10일(간), 20일(간), 30일(간), 100일(간), 일주일(간), / 이 주일(간)
	9. 시	1시, 2시, 3시, 4시, 5시, / 6시, 7시, 8시, 9시, 10시, / 11시, 12시, 13시(오후 1시), 14시(오후 2시), 15시(오후 3시), / 18시(오후 6시), 20시(오후 8시), 22시(오후 10시), 24시(오후 12시)
	10. 분	1분, 2분, 3분, 4분, 5분, / 10분, 15분, 20분, 25분, 30분(반 시간), / 35분, 40분, 45분, 50분, 55분, / 60분(1시간)

MP3	주제	단어
	11. 시간	반 시간(30분), 1시간, 1시간 반(1시간 30분), 2시간, 3시간, / 4시간, 5시간, 10시간, 12시간, 24시간
	12.시간사	오전, 정오, 오후, 아침, 점심, / 저녁, 지난주, 이번 주, 다음 주, 지난달, / 이번 달, 다음날, 재작년, 작년, 올해, / 내년, 내후년, 그저께(이틀 전날), 엊그제(바로 며칠 전), 어제(오늘의 하루 전날), / 오늘, 내일(1일 후), 모레(2일 후), 글피(3일 후), 그글피(4일 후)
	13. 계절	봄(春), 여름(夏), 가을(秋), 겨울(冬)
	14.방위사	동쪽, 서쪽, 남쪽, 북쪽, 앞쪽, / 뒤쪽, 위쪽, 아래쪽, 안쪽, 바깥쪽, / 오른쪽, 왼쪽, 옆, 중간
	15. 양사	개(사용 범위가 가장 넓은 개체 양사), 장(평면이 있는 사물), 척(배를 세는 단위), 마리(날짐승이나 길짐승), 자루, / 다발(손에 쥘 수 있는 물건), 권(서적 류), 개(물건을 세는 단위), 갈래, 줄기(가늘고 긴 모양의 사물이나 굽은 사물), / 건(사건), 벌(의복), 쌍, 짝, 켤레, / 병, 조각(덩어리, 모양의 물건), 원(화폐), 대(각종 차량), 대(기계, 설비 등), / 근(무게의 단위), 킬로그램(힘의 크기, 무게를 나타내는 단위), 번(일의 차례나 일의 횟수를 세는 단위), 차례(단순히 반복적으로 발생하는 동작), 식사(끼)
	16. 인칭 대명사	인칭 대명사 : 사람의 이름을 대신하여 나타내는 대명사. 나, 너, 저, 당신, 우리, / 저희, 여러분, 너희, 그, 그이, / 저분, 이분, 그녀, 그들
	17. 지시 대명사	지시 대명사 : 사물이나 장소의 이름을 대신하여 나타내는 대명사. 이것, 이곳, 저것, 저곳, 저기, / 그것(사물이나 대상을 가리킴), 여기, 무엇(사물의 이름), 거기(가까운 곳, 이미 이야기한 곳), 어디(장소의 이름)
	18. 의문 대명사	의문 대명사 : 물음의 대상을 나타내는 대명사. 누구(사람의 정체), 몇(수효), 어느(둘 이상의 것 가운데 대상이 되는 것), 어디(처소나 방향), 무엇(사물의 정체), / 언제, 얼마, 어떻게(어떤 방법, 방식, 모양, 형편, 이유), 어떤가?, 왜(무슨 까닭으로, 어떤 사실에 대하여 확인을 요구할 때)
	19. 가족	할아버지, 할머니, 아버지, 어머니, 남편, / 아내, 딸, 아들, 손녀, 손자, / 형제자매, 형, 오빠, 언니, 누나, / 여동생, 남동생, 이모, 이모부, 고모, / 고모부, 사촌, 삼촌, 숙모
	20. 국적	국가, 나라, 한국, 중국, 대만, / 일본, 미국, 영국, 캐나다, 인도네시아, / 독일, 러시아, 이탈리아, 프랑스, 인도, / 태국, 베트남, 캄보디아, 몽골, 라오스

MP3	주제	단어
	21. 인사	안녕하세요!, 안녕하셨어요?, 건강은 어떠세요?, 그에게 안부 전해주세요, 굿모닝!
	22. 작별	건강하세요, 행복하세요, 안녕(서로 만나거나 헤어질 때), 내일 보자, 다음에 보자.
	23. 감사	고마워, 감사합니다, 도와주셔서 감사드립니다.
	24. 사과	미안합니다, 괜찮아요!, 죄송합니다, 정말 죄송합니다, 모두 다 제 잘못입니다, / 오래 기다리셨습니다, 유감이네요.
	25. 요구, 부탁	잠시 기다리세요, 저 좀 도와주세요, 좀 빨리해 주세요, 문 좀 닫아주세요, 술 좀 적게 드세요.
	26. 명령, 지시	일어서라!, 들어오시게, 늦지 말아라, 수업 시간에는 말하지 마라, 금연입니다.
	27. 칭찬, 감탄	정말 잘됐다!, 정말 좋다, 정말 대단하다, 진짜 잘한다!, 정말 멋져!, / 솜씨가 보통이 아니네!, 영어를 잘하는군요. ※감탄사의 종류(감정이나 태도를 나타내는 단어) : 아하, 헉, 우와, 아이고, 아차, 앗, 어머, 저런, 여보, 야, 아니요, 네, 예, 그래, 얘 등
	28. 환영,축하, 기원	환영합니다!, 또 오세요, 생일 축하해!, 대입 합격 축하해!, 축하드려요, / 부자 되세요, 행운이 깃드시길 바랍니다, 만사형통하시길 바랍니다, 건강하세요, 새해 복 많이 받으세요!
	29. 식당	음식, 야채, 먹다, 식사 도구, 메뉴판, / 세트 요리, 종업원, 주문하다, 요리를 내오다, 중국요리, / 맛, 달다, 담백하다, 맵다, 새콤달콤하다, / 신선하다, 국, 탕, 냅킨, 컵, / 제일 잘하는 요리, 계산, 잔돈, 포장하다, 치우다, / 건배, 맥주, 술집, 와인, 술에 취하다.
	30. 교통	말씀 좀 묻겠습니다, 길을 묻다, 길을 잃다, 길을 건너가다, 지도, / 부근, 사거리, 갈아타다, 노선, 버스, / 몇 번 버스, 정거장, 줄을 서다, 승차하다, 승객, / 차비, 지하철, 환승하다, 1호선, 좌석, / 출구, 택시, 택시를 타다, 차가 막히다, 차를 세우다, / 우회전, 좌회전, 유턴하다, 기차, 기차표, / 일반 침대석, 일등 침대석, 비행기, 공항, 여권, / 주민등록증, 연착하다, 이륙, 비자, 항공사, / 안전벨트, 현지시간

MP3	주제	단어
	31. 물건 사기	손님, 서비스, 가격, 가격 흥정, 노점, / 돈을 내다, 물건, 바겐세일, 싸다, 비싸다, / 사이즈, 슈퍼마켓, 얼마예요?, 주세요, 적당하다, / 점원, 품질, 백화점, 상표, 유명 브랜드, / 선물, 영수증, 할인, 반품하다, 구매, / 사은품, 카드 결제하다, 유행, 탈의실, 계산대
	32. 전화하기	여보세요, 걸다, (다이얼을)누르다, OO 있나요?, 잘못 걸다, / 공중전화, 휴대전화 번호, 무료 전화, 국제전화, 국가번호, / 지역번호, 보내다, 문자 메시지, 시외전화, 전화받다, / 전화번호, 전화카드, 통화 중, 통화 요금, 휴대전화, / 스마트폰
	33. 인터넷	인터넷, 인터넷에 접속하다, 온라인게임, 와이파이, 전송하다, / 데이터, 동영상, 아이디, 비밀번호, 이메일, / 노트북, 검색하다, 웹사이트, 홈페이지 주소, 인터넷 쇼핑, / 업로드, 다운로드, pc방, 바이러스, 블로그
	34. 건강	병원, 의사, 간호사, 진찰하다, 수술, / 아프다, 환자, 입원, 퇴원, 기침하다, / 열나다, 체온, 설사가 나다, 콧물이 나다, 목이 아프다, / 염증을 일으키다, 건강, 금연하다, 약국, 처방전, / 비타민, 복용하다, 감기, 감기약, 마스크, / 비염, 고혈압, 골절, 두통, 알레르기, / 암, 전염병, 정신병, 혈액형, 주사 놓다
	35. 학교	초등학교, 중학교, 고등학교, 중·고등학교, 대학교, / 교실, 식당, 운동장, 기숙사, 도서관, / 교무실, 학생, 초등학생, 중학생, 고등학생, / 대학생, 유학생, 졸업생, 선생님, 교사, / 교장, 교수, 국어, 수학, 영어, / 과학, 음악, 미술, 체육, 입학하다, / 졸업하다, 학년, 전공, 공부하다, 수업을 시작하다, / 수업을 마치다, 출석을 부르다, 지각하다, 예습하다, 복습하다, / 숙제를 하다, 시험을 치다, 합격하다, 중간고사, 기말고사, / 여름방학, 겨울방학, 성적, 교과서, 칠판, / 분필
	36. 취미	축구 마니아, ㅇㅇ마니아, 여가 시간, 좋아하다, 독서, / 음악 감상, 영화 감상, 텔레비전 시청, 연극 관람, 우표 수집, / 등산, 바둑, 노래 부르기, 춤추기, 여행하기, / 게임하기, 요리, 운동, 야구(하다), 농구(하다), / 축구(하다), 볼링(치다), 배드민턴(치다), 탁구(치다), 스키(타다), / 수영(하다), 스케이팅, 태권도
	37. 여행	여행(하다), 유람(하다), 가이드, 투어, 여행사, / 관광명소, 관광특구, 명승지, 기념품, 무료, / 유료, 할인티켓, 고궁, 경복궁, 남산, / 한국민속촌, 호텔, 여관, 체크인, 체크아웃, / 빈 방, 보증금, 숙박비, 호실, 팁, / 싱글룸, 트윈룸, 스탠더드룸, 1박하다, 카드 키, / 로비, 룸서비스, 식당, 뷔페, 프런트 데스크
	38. 날씨	일기예보, 기온, 최고기온, 최저기온, 온도, / 영상, 영하, 덥다, 따뜻하다, 시원하다, / 춥다, 흐린 날씨, 맑은 날, 비가 오다, 눈이 내리다, / 건조하다, 습하다, 가랑비, 구름이 많이 끼다, 보슬비, / 천둥치다, 번개, 태풍, 폭우, 폭설, / 황사, 장마
	39. 은행	예금하다, 인출하다, 환전하다, 송금하다, 예금주, / 예금통장, 계좌, 계좌번호, 원금, 이자, / 잔여금액, 비밀번호, 현금카드, 현금 인출기, 수수료, / 현금, 한국 화폐, 미국 달러, 외국 화폐, 환율, / 환전소, 신용카드, 대출, 인터넷뱅킹, 폰뱅킹

MP3	주제	단어
	40. 우체국	편지, 편지봉투, 소포, 부치다, 보내는 사람, / 받는 사람, 우편물, 우편번호, 우편요금, 우체통, / 우표, 주소, 항공우편, EMS

'K-한글'의 세계화 www.k-hangul.kr

1. 영어로 한글배우기
Learning Korean in **English**

2. 베트남어로 한글배우기
Học tiếng Hàn bằng tiếng Việt

3. 몽골어로 한글배우기
Монгол хэл дээр солонгос
цагаан толгой сурах

4. 일본어로 한글배우기
日本語でハングルを学ぼう

5. 스페인어로 한글배우기(유럽연합)
APRENDER COREANO EN
ESPAÑOL

6. 프랑스어로 한글배우기
Apprendre le coréen en
français

7. 러시아어로 한글배우기
Изучение хангыля
на русском языке

8. 중국어로 한글배우기
用中文学习韩文

9. 독일어로 한글배우기
Koreanisch lernen auf **Deutsch**

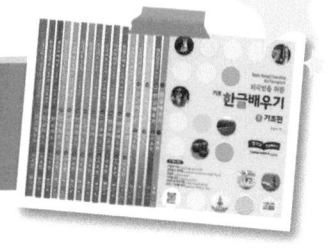

10. 태국어로 한글배우기
เรียนฮันกึลด้วยภาษาไทย

11. 힌디어로 한글배우기
हिंदी में हंगेउल सीखना

12. 아랍어로 한글배우기
تعلم اللغة الكورية بالعربية

13. 페르시아어로 한글배우기
یادگیری کره‌ای از طریق فارسی

14. 튀르키예어로 한글배우기
Hangıl'ı **Türkçe** Öğrenme

15. 포르투칼어로 한글배우기
Aprendendo Coreano em
Português

16. 스페인어로 한글배우기(남미)
Aprendizaje de coreano en
español

튀르키예어를 사용하는 국민을 위한 기초 한글 배우기

한글배우기 ❶ 기초편

2025년 1월 10일 초판 1쇄 발행

발행인 | 배영순
저자 | 권용선(權容璿), Yazar: Kwon Yong-seon
펴낸곳 | 홍익교육, Yayınlayan: Hongik Education, Güney Kore
기획·편집 | 아이한글 연구소
출판등록 | 2010-10호
주소 | 경기도 광명동 747-19 리츠팰리스 비동 504호
전화 | 02-2060-4011
홈페이지 | www.k-hangul.kr
E-mail | kwonys15@naver.com
정가 | 14,000원
ISBN 979-11-88505-60-9 / 13710